国家出版基金项目

"喜马拉雅深处的面孔"
民族口述影像志

喜马拉雅的原居客
—— 门巴、珞巴民族口述影像志：1956—1996

冀文正 / 摄影 口述　　焦虎三 / 整理

西南交通大学出版社
·成都·

图书在版编目（CIP）数据

喜马拉雅的原居客：门巴、珞巴民族口述影像志：1956—1996 / 冀文正摄影、口述；焦虎三整理. -- 成都：西南交通大学出版社，2024.10
（"喜马拉雅深处的面孔"民族口述影像志）
国家出版基金项目
ISBN 978-7-5643-9795-1

Ⅰ.①喜… Ⅱ.①冀… ②焦… Ⅲ.①门巴族－民族历史－中国－1956-1996－摄影集②珞巴族－民族历史－中国－1956-1996－摄影集 Ⅳ.①K286.7-64②K287.7-64

中国国家版本馆 CIP 数据核字（2024）第 075012 号

国家出版基金项目
"喜马拉雅深处的面孔"民族口述影像志
Ximalaya de Yuanjuke: Menba Luoba Minzu Koushu Yingxiangzhi: 1956-1996
喜马拉雅的原居客：门巴、珞巴民族口述影像志：1956—1996

冀文正　摄影　口述　　焦虎三　整理

出 版 人	王建琼
策 划 编 辑	易伯伦　张慧敏
责 任 编 辑	吴启威
责 任 校 对	左凌涛
书 籍 设 计	曹天擎
出 版 发 行	西南交通大学出版社 （四川省成都市金牛区二环路北一段 111 号 　西南交通大学创新大厦 21 楼）
营销部电话	028-87600564　028-87600533
邮 政 编 码	610031
网　　　址	http://www.xnjdcbs.com
印　　　刷	四川玖艺呈现印刷有限公司
成 品 尺 寸	170 mm×240 mm
印　　　张	18.5
字　　　数	264 千
版　　　次	2024 年 10 月第 1 版
印　　　次	2024 年 10 月第 1 次
书　　　号	ISBN 978-7-5643-9795-1
定　　　价	79.00 元

图书如有印装质量问题　本社负责退换
版权所有　盗版必究　举报电话：028-87600562

凡 例

一、本书图片历史跨度长，图中涉及的行政区域与地点等，多有变迁。在编写时，我们采用了与图片拍摄时间相对应的称谓，即："老照片用旧名，新照片用新名"，以达尊重史实之目的。

二、本丛书作为口述的影像志，"影像口述"部分尊重当事人的亲历、亲见与亲闻，以口述文本为主。同时，为保证编写与引用资料的准确性，内容以我国政府白皮书和国内公开出版物为参考。相关文献分类与编录原则如下。

档案资料：以我国政府白皮书和国内公开出版物为主参考，引用注明出处。

背景资料：以我国政府白皮书和国内公开出版物为主参考，引用注明出处。

照片口述：根据当事者口述资料整理。

口述文献：根据当事者口述资料整理，注明口述者和整理者。

调查资料：根据当事者亲历调查资料整理，注明调查者（讲述人）和整理者（翻译者），部分标注采录时间与采录地点。

口头传统：根据门巴族、珞巴族民间文学选录，一般标注讲述人、翻译者，部分加注采录时间、采录地点与流传地区。

目 录

第一章　雅鲁藏布大峡谷 1

第二章　金珠宗 53
　　　　格当村 58
　　　　布龙村 74

第三章　墨脱宗 95
　　　　墨脱村 96
　　　　地东村 103
　　　　达木村 118

第四章　珞渝的白马岗 131

第五章　物　产 141

第六章　墨脱人物 187
　　　　1931—1959年墨脱的官员 192
　　　　新时代的墨脱人 214

第七章　封建农奴制 235

附录一　深入大峡谷 249
附录二　大峡谷之子（摘选） 265
参考文献 284
后　记 289

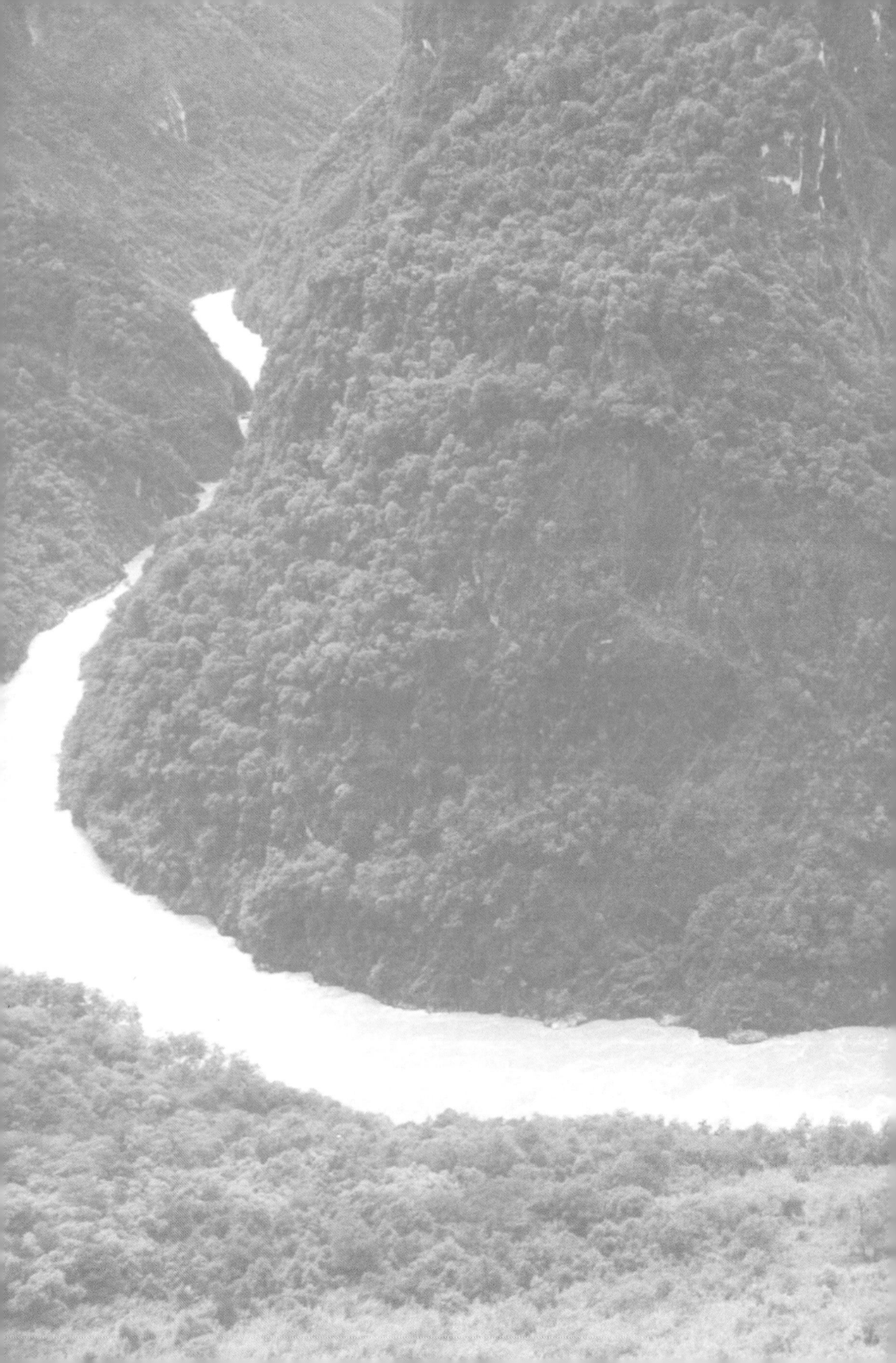

第一章
雅鲁藏布大峡谷

1994年4月17日，中国新华社向世界宣告"雅鲁藏布江大峡谷是世界权威人士公认的第一大峡谷"。1999年，国家测绘局公布雅鲁藏布大峡谷精确测绘数据，大峡谷入口处在西藏米林县派乡（今米林市派镇）转运站，出口处在西藏墨脱县的巴昔卡村，全长为504.6千米，最深处达6009米，平均深度为2268米。峡谷江面最窄处为35米，大峡谷核心地段250千米的江面平均宽度为113米。

广义的雅鲁藏布大峡谷地区，概指藏东南林芝、米林、波密和墨脱四县，范围约2.5万平方千米。而狭义的，也是真正意义上的雅鲁藏布大峡谷单指墨脱地区。

墨脱县是国家级自然保护区，大峡谷4/5的地域属墨脱县管辖，大峡谷中段和下段百余千米是保护区中的重点，长期以来一直严禁入境狩猎和砍伐树木，人们把这里誉为"天然动植物园""西藏的西双版纳""昆虫王国"与"高原上的明珠"。独特的地理环境与气候条件，使这里形成了无比丰富与多样的动植物基因库。

在地理上，两座7000米以上的大山把雅鲁藏布江紧紧地抱在怀中，高耸入云的喜马拉雅山系挡住了藏北寒流的南下，孟加拉湾的暖流又通过峡谷大通道给这里带来了年平均14摄氏度的温暖气候，其年降雨量超过3000毫米。

大峡谷岩石嶙峋，人迹罕至，交通极为不便，反而使这里的一切生态均处于远古原始时代的状态。大峡谷多样性的地理环境形成了立体气候区，为动物和植物的生长、繁衍提供了优越的条件。这里是我国动植物品种资源的大宝库。大峡谷总面积约有2万平方千米，生长着我国最大的原始森林群，其植被覆盖率约占宜林面积的80%以上。峡谷地带资源分布规律十分特别，科学考察和研究价值极大。这里仅药用植物就有上千种，如医治心脏病特效的"五眼果"；可提炼抗癌药物的名贵的"粗榧"（属于第三纪孑遗植物，是我国特产树种）；预防疟疾的"三台花"；能清嗓、润喉，治疗喉炎的"黑节草"；传统中药砂仁。过去内地依靠进口的南酸枣、钩藤和石楠等宝贵的热带药材，这里几乎遍地皆是。西藏极缺的杜仲、大风子、印度大风子、使君子、藏青果、胖大海、金毛狗、七叶一枝花、灵芝草等名贵药材，在峡谷中也可信手采到。

以南迦巴瓦峰地区为例，其植被群落具有多样性、结构复杂的特点，已发现有近5000种青藏高原上难以见到的高等植物，占西藏植物种类的4/5以上，地球上每100种植物中便有3种以上生长在这里。被国家列为保护对象的稀有植物有21种；中国特有的植物属种13科、21种、2变种；珍贵的热带材用树11种，亚热带材用树23种，寒温带材用树5种；食用油料植物8种，工业油料植物15属种，芳香油料植物7属种；果树18种，野生花卉14属种；纤维植物5种，麻类植物6种，竹子7种，藤类2种；制烤胶植物7种；药用植物药材70余种，药用可引种药材10余种；野生食用菌238种：包括担子菌类27科、69属、231种及子囊菌类4科、4属、7种，药用菌28科、71属、179种。

大峡谷遍地是宝,处处好风光。大峡谷的绿是立体的绿,呈现在你眼前的是一片郁郁葱葱、千姿百态的绿海。

雅鲁藏布江是我国西藏自治区最大的河流,也是世界上海拔最高的大河,和"神山"冈底斯山、"圣湖"玛旁雍错湖一样,在藏族人民心目中,具有崇高神圣的地位。它在我国境内全长2057千米,流域面积240480平方千米,流域平均海拔高度为4500米。在我国各大河流中,其长度居第五位,流域面积居第六位,流量居第三位,水能蕴藏量居第二位。雅鲁藏布江的支流众多,流域内,耕地面积约1533平方千米,占西藏自治区总耕地面积的一半左右。

雅鲁藏布江中游,可以通航牛皮船和木船,西藏交通部门试制的拖驳,也已试航成功。通航里程干流西起日喀则市的拉孜,东到山南市的泽当,长约400千米。雅鲁藏布江也是世界上海拔最高的通航河流。

【照片档案001】

图片说明:墨脱出土的新石器时代的石斧,证明墨脱在远古
　　　　　时期便有人类生息,绝非荒僻之地
拍摄时间:1996年6月
拍摄地点:墨脱县

【照片档案002】

图片说明：流往墨脱宗帮辛一带的雅鲁藏布江
拍摄时间：1955年6月
拍摄地点：墨脱宗帮辛一带

【照片口述】

当万个流量的雅鲁藏布江江水疯狂地沿岩石峭壁向下倾泻，远眺江水像一条白色的飘带在"一线天"的峡谷中奔腾时，其咆哮声10里之外也让人震耳欲聋。流经帮辛村附近的雅鲁藏布江，其海拔只有800米，但流速高达16米/秒。

迄今为止，除了极个别珞巴族和门巴族猎人冒险逾越，外界人士还没有哪一个人能徒步沿江走完全程。我因在大峡谷工作考察20余年，曾有6次深入大峡谷腹地的机会，但也终因悬崖高耸无法攀岩，没有走完最后的10千米，留下终身遗憾。

【背景资料】

雅鲁藏布江（藏语拼音：Yarlung Zangbo；威利：yar klungs gtsang po），下游称"布拉马普特拉河"（英语：Brahmaputra River），为亚洲主要大河之一。

雅鲁藏布江是世界海拔最高的河流。雅鲁藏布江是西藏的最大河流，它位于北纬28°00′~31°26′和东经82°00′~97°07′，发源于西藏自治区南部、喜马拉雅山北麓的杰马央宗冰川。河源称"杰马央宗曲"，里孜以下统称"雅鲁雅布江"。它自西向东流，在米林市的派附近折向东北，形成一大河湾，再折向南流，经我国的巴音卡之后进入印度境内恒河支流布拉马普特拉河，经孟加拉国与恒河相汇，流入印度洋的孟加拉湾。干流全长2900千米，流域面积61.7万平方千米。中国境内河长2057千米，天然落差5435米，河道平均比降2.65‰，流域面积24万平方千米，多年平均年降雨量2283.1亿立方米，水力资源理论蕴藏量11.39万兆瓦。流域呈东西向的狭长柳叶状，东西向最大长度约1500千米，南北向最大宽度约290千米，平均宽度约166千米。[1]

雅鲁藏布江在古代藏文中称"央恰布藏布"，意为"从最高顶峰上流下来的河"。雅鲁藏布江流域东西狭长，南北窄短。雅鲁藏布江干流依自然条件、河谷形态及径流沿程变化，可划分为河源区、上游、中游和下游。1975年中国科学院组织青藏高原综合科学考察队进入河源区，经过深入研究，得出"杰马央宗曲"为正源的正确结论。

雅鲁藏布江支流众多，其中集水面积大于2000平方千米的有14条，大于1万平方千米的有5条，水能蕴藏量仅次于长江。

---

[1] 陆孝平，富曾慈：《中国主要江河水系要览》，中国水利水电出版社2010年版，第118页。

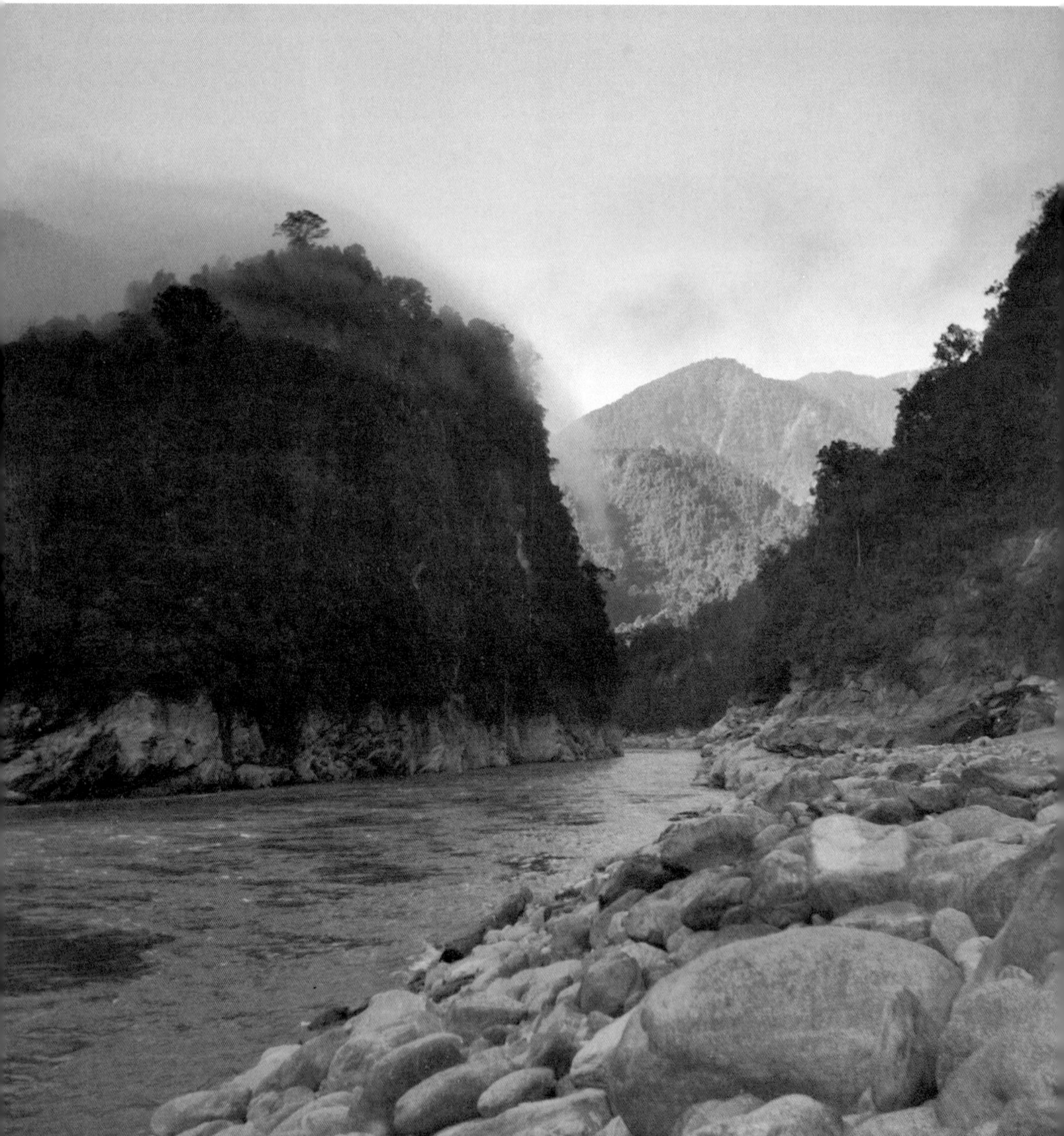

【照片档案003】

图片说明：加热萨一带的雅鲁藏布江

拍摄时间：1955年6月

拍摄地点：墨脱宗加热萨村

【照片口述】

　　上百个流量的雅鲁藏布江流经狭窄的河谷时显得相当渺小。而大峡谷中的雅鲁藏布江咆哮如雷，水流湍急，一般流速在10米/秒，个别地方达到23米/秒。雅鲁藏布江宛如一条银蛇奔腾在大峡谷中。

　　加热萨村海拔1350米，而此处雅鲁藏布江江面达950米，流速17米/秒，江宽39米。我站在江边看着"发疯"的江水常提心吊胆。

【背景资料】

　　雅鲁藏布江的水力资源占西藏水利资源的一半以上。全区水电资源理论蕴藏量达2.006亿千瓦，约占全国蕴藏量的1/3，是全国所有省、自治区、直辖市中最为丰富的省区。其中雅鲁藏布江理论蕴藏量达1.135亿千瓦，是水能资源富集区。在2亿多千瓦的水电资源中，技术、经济上可开发的水能资源量达5900多万千瓦，这在全国所有省、自治区、直辖市中名列前茅。

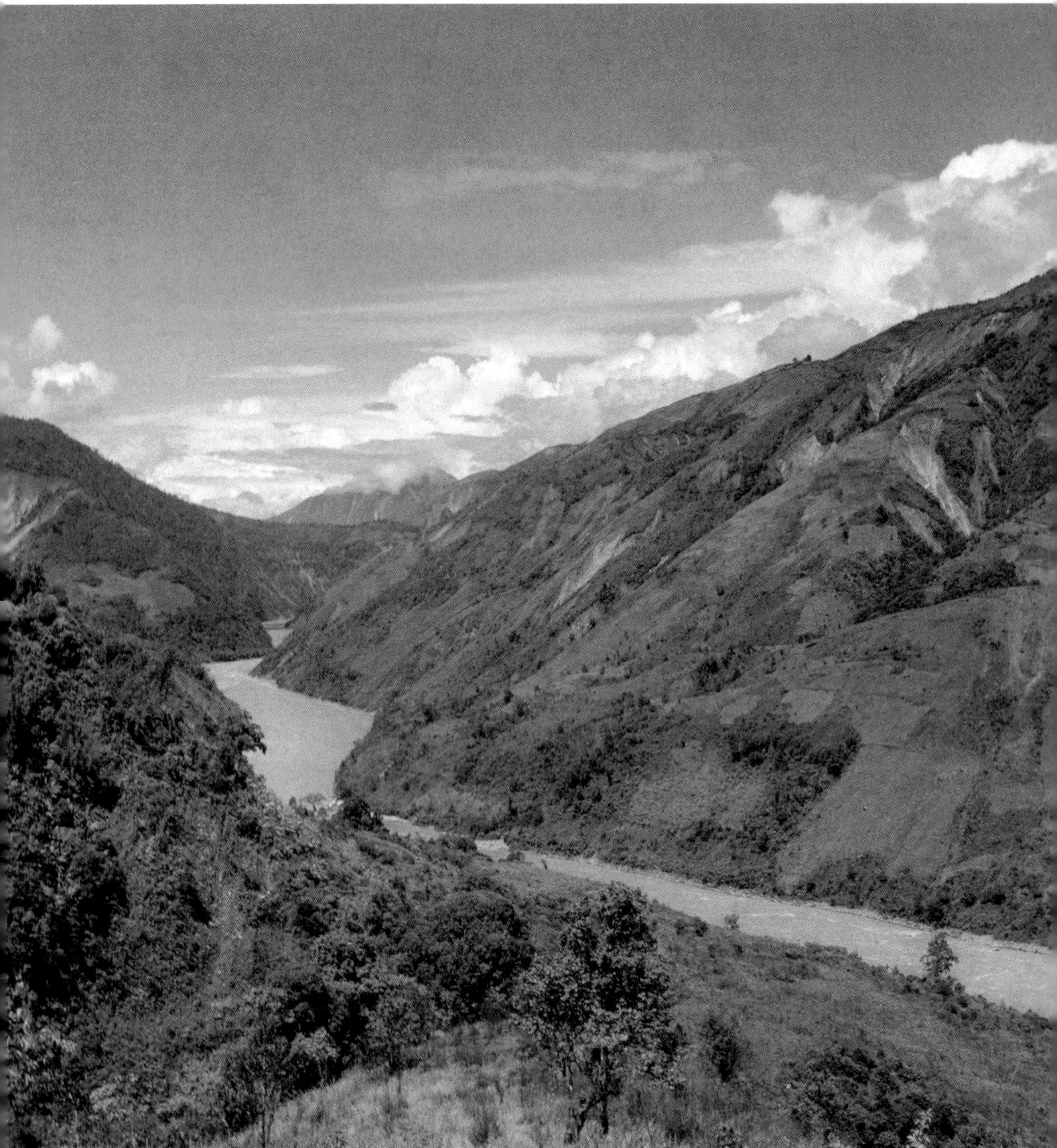

【照片档案 004】

图片说明：墨脱宗背崩措下奔流的雅鲁藏布江

拍摄时间：1956 年 5 月

拍摄地点：墨脱宗背崩措

【照片口述】

  这里海拔 680 米，江水流速 10 米/秒。此处年降雨量在 3000 毫米以上，四季如春，冬季最低气温也有 12 摄氏度，河流宽一般在 150～250 米。

  峡谷间原在江新——地东村之间架有藤索桥，桥长 285 米，只可通行人。墨脱解放后，在背崩村江面新建了钢索吊桥，运输的马匹可以通行，交通方便多了。将来一旦修建能通汽车的大吊桥，整个交通面貌将彻底改观。

【背景资料】

  1881 年，波密土王将统治势力伸入白马岗，在地东建立了地东宗；1919 年，因地东缺水，将宗政府迁至墨脱，并改地东宗为墨脱宗。

  1927 年至 1931 年，噶厦政府与波密土王之间爆发战争，波密土王战败，墨脱直接归西藏地方政府统辖。噶厦政府将墨脱分封给色拉寺、倾多寺和松宗寺，三寺各自建宗，一直延续到西藏和平解放。

  1959 年 7 月，建墨脱县，属塔工分工委管辖；1964 年，划归拉萨市管辖；1986 年 2 月，划归林芝地区管辖；2015 年 3 月，撤销林芝地区，设立地级林芝市，墨脱县属林芝市管辖。

【口头传统】（珞巴族民间传说）

雅鲁藏布江为什么钻大山沟

讲述人：顿加，男，珞巴族；米米洛桑，男，门巴族
采录时间：1968年7月
采录地点：墨脱县达木村
翻译、整理：冀文正
流传地区：今墨脱县达木珞巴民族乡、格当乡、帮辛乡

从前，天底下河流多如头发，有向北流的，有向南淌的，有西去的，有东来的。有个叫"卫"（今西藏）的地方，有四条河，一条是雅鲁藏布江，一条是狮泉河，一条是象泉河，一条是孔雀河。他们流向不同，归宿地也不一样，都怪孤独的。他们经过商量，一致同意："我们要流向平坦无山的大平原，三年后在印度洋汇合。"

于是，他们各自边找平坝边往下淌，遇山绕道前行，或者边修平原边往前流。大家都按商量的计划往前奔跑。

雅鲁藏布江流淌到工布地区的芝伯村（今米林市派镇）时，查顷（鹞鸟）站在半空对雅鲁藏布江说："大江爷爷，你的三个伙伴昨天都汇流在印度洋了，你怎么还在这里磨蹭？要长久住下去吗？"

雅鲁藏布江听后，心急如焚，心想："朋友们都先期到达了，我也得赶紧前行才能撵上他们。"从此，雅鲁藏布江只顾赶路，再也不边修平原边前行了，一直顺着山涧往前奔腾。他赶到后，没有看见三个伙伴，这才知道上当受骗了，但后悔也来不及了。他在大洋里等了两年，三个伙伴才赶来。

三个伙伴问他："你为什么先期到达？"

雅鲁藏布江回答道："查顷告诉我，说你们早已汇合了，我才慌忙赶来。"

伙伴们问:"那你修造平原了吗?"

雅鲁藏布江说:"为了赶路,我没有时间修造平原,是从险峰峻岭中穿越而来的。"接着,雅鲁藏布江又问:"你们是怎么流来的?"

伙伴们同声回答:"我们按说定的,边修平原边流淌。我们流过的地方,都成了开阔的大平原。"

大家都很生气,命令大鹏鸟传查顷前来受审。

"你为什么要对雅鲁藏布江说谎?"狮泉河首先开了腔。

"我只想和大江开个玩笑,谁知他当真了。"查顷答道。

象泉河怒道:"哪能拿这么大的事开玩笑?"

查顷争辩道:"我想试试他是否守约。"

孔雀河说:"你坏了大事,要受到惩罚。"

四个伙伴合计:"在一年里,不!在他这一生,不!让他来生也不准喝江水。"

至今,珞渝地区全是大山、深谷,行走困难,运输全靠人背肩扛,这些全是查顷造成的。

查顷到现在都还在服刑,他不敢落到江面、地面上来,只是一个劲地在半空中一边盘旋,一边鸣叫:"我渴!我渴!"珞巴族老人都说,这是他撒谎的报应。

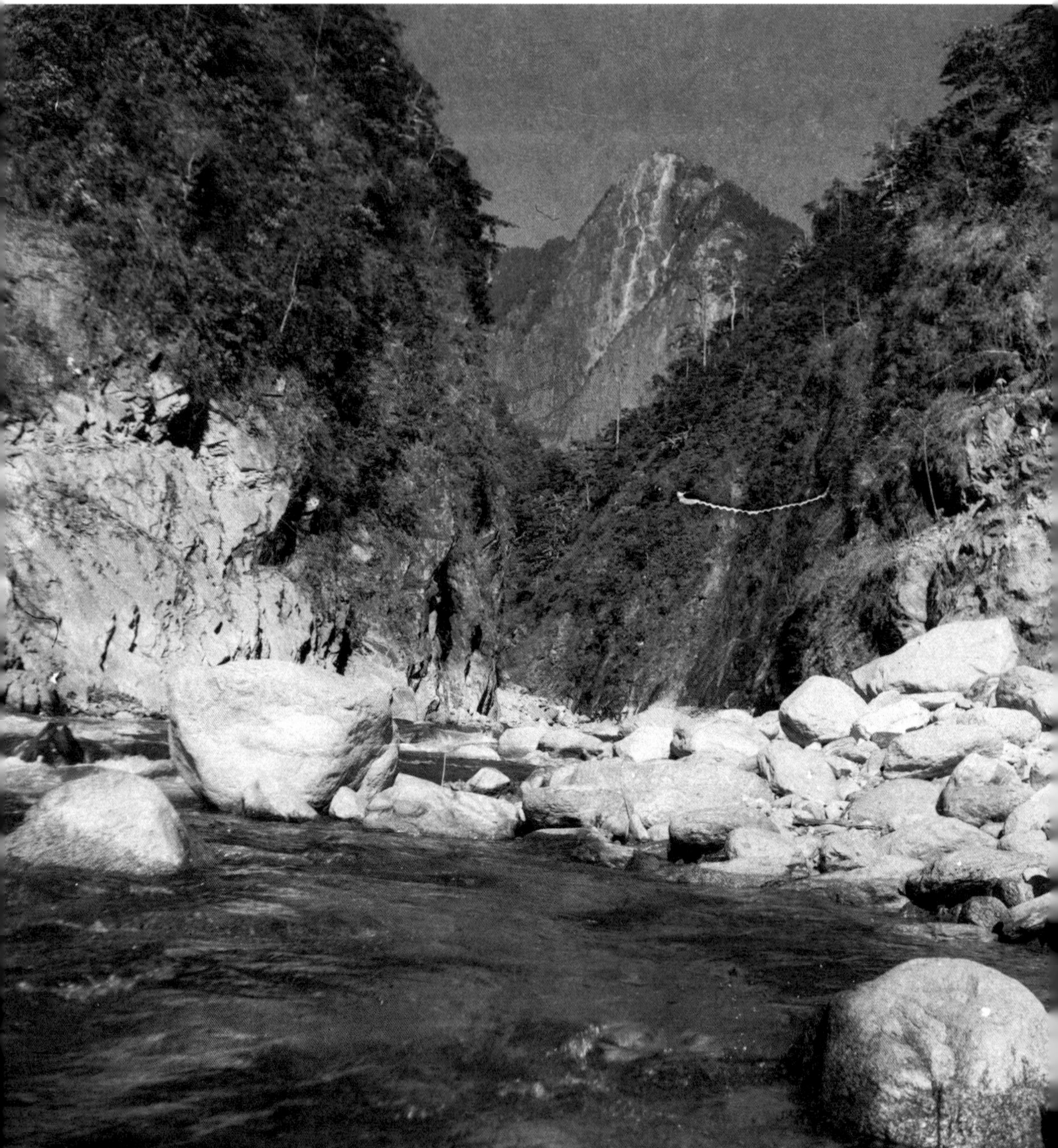

【照片档案 005】

图片说明：雅鲁藏布江中因地震而堆积的巨石
拍摄时间：1955 年
拍摄地点：墨脱宗甘登村

【照片口述】

  1950 年 8 月 15 日，墨脱发生 8.5 级大地震，极震区内山川移易，地形改变，多处山峰崩塌堵塞雅鲁藏布江。据调查，泥石流堵塞雅鲁藏布江达 27 天半，形成巨大的堰塞湖，后堰塞湖溃决，夹杂泥石而下，在雅鲁藏布江两岸留下大量巨石。

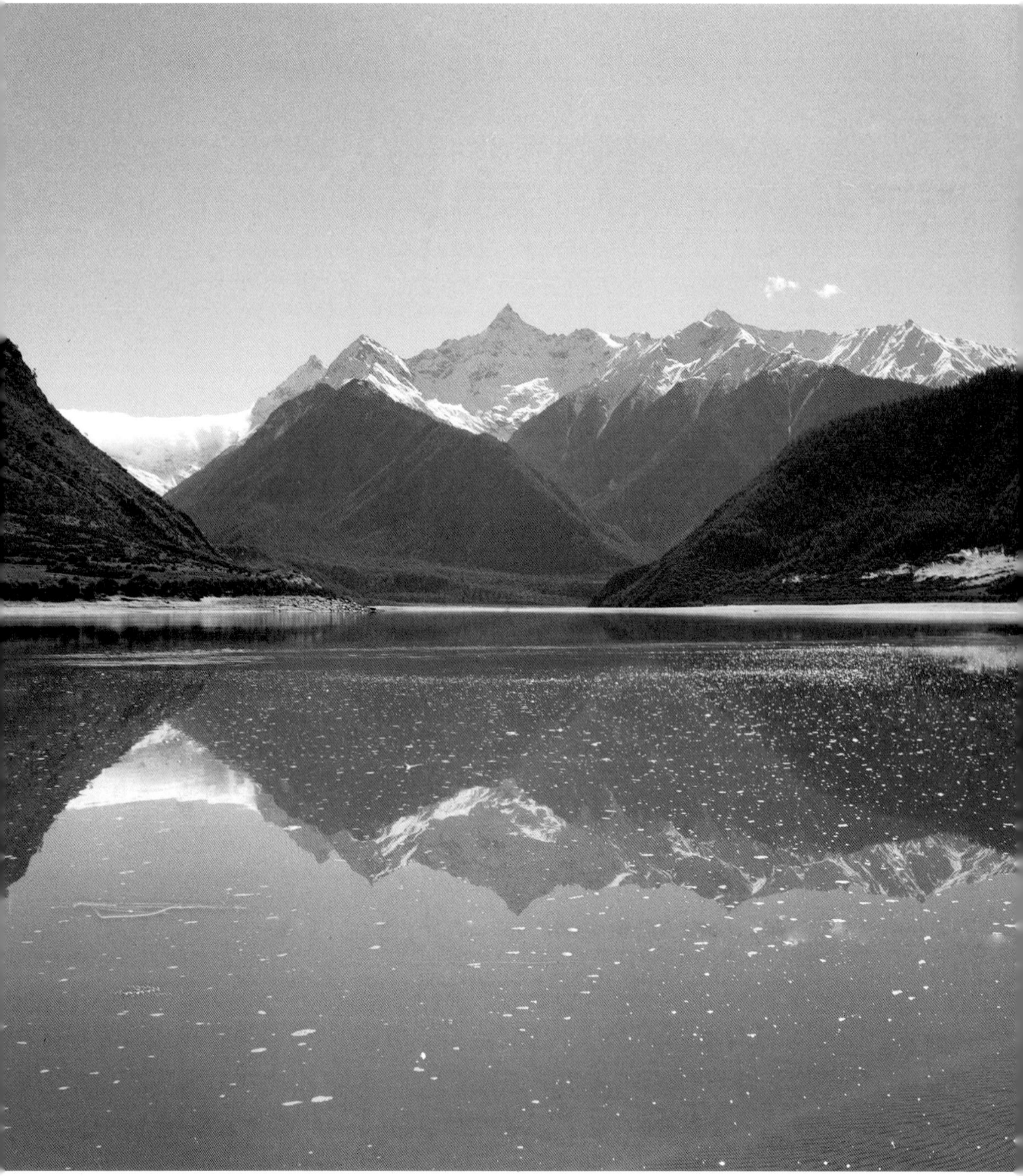

【照片档案006】

图片说明：派村的雅鲁藏布江

拍摄时间：1957年7月

拍摄地点：则拉岗宗（今米林市）派村

【照片口述】

派村海拔1800米，位于喜马拉雅山西麓，位于雅鲁藏布江大峡谷的入口处，是通向墨脱的必经之路。派村现易为派镇了，成了一座上千人的小城镇，一片兴旺的景象。

从派村向下3千米处为"达图卡村"。雅鲁藏布大峡谷由此开始计算长度。江水也一改平缓态势，汹涌澎湃，浪高数米，咆哮声震耳欲聋。本图中右后方即南迦巴瓦峰。

经勘察，如从此村开始向墨脱挖一隧道，约40千米，将雅鲁藏布江水一部分引入墨脱的地东村，水头落差几百米，建成阶梯电站可进行发电。

【背景资料】

米林的藏语意为"药洲"。地处西藏自治区东南部，林芝市西南部，雅鲁藏布江中下游，念青唐古拉山脉与喜马拉雅山脉之间，东南部与墨脱县相连，西部与朗县相接，北部与巴宜区、西北部与工布江达县毗邻，南部与隆子县相连，下辖3镇、4乡、1民族乡。总面积为9471平方千米。

米林的前身为则拉岗宗。1959年8月，米林县人民政府成立，后划归林芝地区管辖。2015年，撤销林芝地区，设立地级林芝市。米林县属林芝市管辖。2023年8月，米林市挂牌成立。

米林市派镇，是雅鲁藏布大峡谷入口景观地带，也是通向墨脱的必经之地。原为村，1959年9月设派区，1987年10月改乡，后又改为派镇。辖多雄上、多雄下、雪卡、派等15个行政村。

【照片档案007】

图片说明：墨脱宗墨脱村以下的雅鲁藏布江
拍摄时间：1956年5月
拍摄地点：墨脱宗德兴村

【照片口述】

　　从此向下，流淌的江水稍有缓和。一般流速在10米/秒左右。

　　从墨脱村向下，江面海拔在750米以下，越往南下，海拔越低，在巴昔卡村时江面海拔只有90米。

　　从墨脱村向上至卡布村，大江的流速在15米/秒。

　　从卡布村至甘登，大江的流速在20米/秒。

　　从甘登至"白马狗熊处"（当地一处地名）也差不多20米/秒。

　　以上河段，水声震耳欲聋，不少地方落差在30米以上。

【照片档案 008】

图片说明：雅鲁藏布江支流白马希仁河

拍摄时间：1991 年 7 月

拍摄地点：墨脱县

【照片口述】

  这里海拔 2200 米，大河两岸均为热带雨林。白马希仁河流量由 40 个流量猛增到 250 个流量。

  当地传说，白马希仁河也是绿度母女神的一部分，河水可治愈百病，故远至青海、甘肃等地的朝圣者常带水返乡。

【背景资料】

  白马希仁河的源头在南迦巴瓦峰南坡，由融化的雪水汇集而成。传说河流是金刚绿度母的大地化身之一。这条河也被写成"白马西惹河""白玛西仁河"。传说是墨脱"莲花圣境"中四道可直通天堂的神门之一。

17

【照片档案 009】

图片说明：墨脱县冷多村外的雅鲁藏布江
拍摄时间：1996 年 10 月
拍摄地点：墨脱县冷多村

【照片口述】

  冷多村位于卡布村下的雅鲁藏布江边，海拔 700 米，扎墨公路通过该村。这里距墨脱县城 45 千米，是金珠藏布江和雅鲁藏布江交汇处。大江流速 12 米/秒。

  冷多村为交通要道，从这里可通往谷地东西南北各处。在中国国家地图中有它的大名，名为"哈普"。此处真可谓"一夫当关，万夫莫开"，战略地位十分重要，历史上曾发生过许多战事，尤其 1927 年藏波战争在此激烈进行。清军、藏军都到过此地，波密土王噶朗巴失利时，从此逃亡，病死在萨地亚火车站。

【背景资料】

  金珠藏布江，又称"金珠曲""嘎隆曲"，为雅鲁藏布江的一条支流。位于西藏墨脱县东北部，东西走向。"金珠藏布"意为"龙形眼睛河"。其源于岗日嘎布拉南侧，墨脱县格当乡境内，向西流至达木珞巴民族乡附近，注入雅鲁藏布江。河流长度 67 千米，流域面积 1990 平方千米，河内产铲齿裂腹鱼，沿岸有丰富的森林资源，流域内有牧场和农田。

【照片档案010】

图片说明：站在则拉岗宗派村拍摄对岸的南迦巴瓦峰

拍摄时间：1957年7月

拍摄地点：则拉岗宗派村

【照片口述】

  这是南迦巴瓦峰的雄姿。其山头一年四季云雾弥漫。由于山峰地质构造复杂，板块构造运动强烈，南迦巴瓦峰山壁耸立，地震、雪崩不断，攀登难度极大。

【背景资料】

  南迦巴瓦峰：地处横断山脉、喜马拉雅山脉和念青唐古拉山脉的交会处，是我国西藏自治区林芝市的最高山，海拔7782米，位于喜马拉雅山的东端。

  南迦巴瓦峰是西藏古老的宗教"雍仲苯教"的圣地，有"西藏众山之父"的美誉。紧邻着的雅鲁藏布大峡谷绕着山峰转了一个马蹄形的弯，随后向印度洋方向延伸出去。南迦巴瓦峰还有另一个名字"木卓巴尔山"，其巨大的三角形峰体终年积雪，云雾缭绕，从不轻易露出真面目，所以也被称为"羞女峰"。南迦巴瓦在藏语中有多种解释，一为"雷电如火燃烧"；一为"天山掉下来的石头"；还有一为"直刺天空的长矛"。后一个词义据说来源于《格萨尔王传》中的"门岭一战"，在这段史诗中南迦巴瓦峰被描绘成状若"长矛直刺苍穹"。

【照片档案 011】

图片说明：难揭神秘面纱的南迦巴瓦峰顶

拍摄时间：1996 年 10 月

拍摄地点：墨脱县

【照片口述】

地球上海拔在 8000 米以上的山峰共有 14 座，南迦巴瓦峰海拔 7782 米，是世界上第 15 高峰。传说中南迦巴瓦峰为"冰山之父"，又有传说它是绿度母女神所化的神山。南迦巴瓦峰是中外闻名的朝圣中心。

南迦巴瓦峰"全身是宝"，它是动植物的基因库，也是种类繁多的动物乐园，加上地形奇特、地质复杂，又是科学研究的理想基地。

南峰脚下有世界第一大峡谷——雅鲁藏布大峡谷，雄伟壮观，是旅游观光的胜地。雅鲁藏布江大拐弯处是世界水能资源第二富集的地方，峡谷中蕴藏着丰富的水力资源，而且在峡谷的两口往往有平坦的阶地存在，加上与峡谷相串联的宽谷盆地地形，这些为水能资源开发创造了有利条件。

【照片档案012】

图片说明：云雾缭绕的南迦巴瓦峰
拍摄时间：1997年5月
拍摄地点：墨脱县

【照片口述】

奇特的南迦巴瓦峰神秘、神奇，至今有许多未解之谜，也有丰富的旅游资源尚待开发，交通条件也亟待改善。在珞巴族人的传说中，南迦巴瓦峰是天神为阻挡罗刹鬼而形成的高山。

南峰四季云雾弥漫，遮容蔽貌，宛若沉睡中的仙子，山体很难露出清晰的全貌。我在派村住了两年多，恐怕也只看过"她"的真容十多次吧。

大峡谷如不通汽车，南迦巴瓦峰和大峡谷的旅游产业都难以大规模开发。

【背景资料】

地质考察证实，早在20亿年前，喜马拉雅山脉的广大地区还是一片汪洋大海，史称"古地中海"。它经历了整个漫长的地质时期，一直持续到3000万年前的新生代早期第三纪末期，印度洋板块向北俯冲与欧亚大陆板块发生碰撞，产生强大的南北向挤压力，致使青藏高原快速隆起，形成喜马拉雅山地，这次构造运动就是著名的"喜马拉雅运动"。运动形成了世界上最雄伟的山脉，喜马拉雅的构造运动至今尚未结束，还在缓慢上升之中。

【口头传统】（珞巴族民间传说）

南迦巴瓦峰

翻译、整理：冀文正
采录时间：1957年
采录地点：墨脱宗达木村
流传地：上珞渝地区[1]

  远古时，一对恩爱夫妻幸福地生活在喜马拉雅山脊，他们儿孙成群，祥和富足。夫妻心地善良，从不杀生害命，在他们的周围，香獐、白鹿、野羚牛、白猴、犀鸟等相依为命，人和动物一片和谐。

  一天，狠心的罗刹王在天上看中了这片人间的净土，派遣差役下凡捕捉生灵。冰山之父劲大无敌，以垮山飞石灭绝了差役。罗刹王纠集魔王们，加强法力，将南迦巴瓦峰从藏西搬移到东端，使得夫妻俩从此分居东西，终生不得团圆。

  珞巴族人说，震耳的雪崩是夫妻在发怒，"银河落千丈"的瀑布是夫妻的泪水。至今，他们还在怒吼，还在咒骂罗刹鬼。

---

[1] 上、下珞渝地区是墨脱当地人的习惯划分。一般从今达木珞巴民族乡珠村开始向上至今318国道旁的排龙门巴族乡（巴窑区东部和波密县的交界处）为"上珞渝"，涵盖整个帮辛地区，这也是大峡谷中最艰险的核心区域；从珠村向下至巴昔卡村为"下珞渝"，含墨脱全县及印度非法占领区。

【口头传统】（珞巴族民间传说）

寻找太阳的人

讲述人：安布，男，珞巴族；牛布，男，珞巴族；达西，男，珞巴族
翻译、整理：冀文正
采录时间：1956年8月
采录地点：墨脱宗卡布村
流传地：今墨脱县达木珞巴民族乡、帮辛乡、甘登乡、墨脱镇

  在很早以前，珞渝地区只有几个孤零零的山头，交通比较方便，一年四季骡马通行。为什么现在却群山环抱，每年有八个月的时间大雪封山，人马不能通行呢？

  传说，古时候黑暗世界之中有一个寻找太阳的人，他从年轻找到头发变白，不但没有找到太阳，反而引起了世上诸如罗刹等妖魔鬼怪的嫉恨。凶恶的魔王想杀害他，暗地跟踪他，图谋在他寻找太阳的路上把他吃掉。

  一天，这个寻找太阳的人做了一个梦，梦中一位善良的老人告诉他，东方有个红太阳，只要有决心，不怕苦，不怕邪，一定可以到达目的地，找到那颗温暖的红太阳。

  他遵照老人的指点，顺着雅鲁藏布江向下游走去。他走了二十个二十天（二十是珞巴族最大的数字），还是没有找到太阳，但他并不泄气，继续沿江而下。当他到达南迦巴瓦雪山脚下时，背后传来了马蹄声，原来是要吃掉他的魔王追上来了。在这紧急关头，梦中出现过的老人大喝一声，霎时，雪山垮了，道路塌方，他与魔王隔离开来了。

  魔王被抛在了后边，寻找太阳的人继续赶路。当他来到杭底峡地区时，魔王又快追上他了。寻找太阳的人飞快奔跑。当魔王快下毒手时，梦中出现过的老人又大喝一声，顿时天昏地暗，狂风四起，大雪满天，只听见"轰隆隆"一声巨响，南迦巴瓦雪山上的巨石滚落下来，又挡住了魔王的路。

这时老人轻轻地咳嗽了一声，江两岸的土地立刻鼓起来，犹如两把利剑，直插云端，又把魔王追赶的道路挡住了。

寻找太阳的人又一次得救了，困难和挫折磨炼了他，更增强了他寻找太阳的决心。他继续攀登悬崖，披荆斩棘，向东方迈进。他又翻过二十座大山，过二十条大河，来到了有"牛奶湖""糌粑山"的珞渝地区。这时，天空突然黑云翻滚，狂风骤起，魔王又出现在他面前，寻找太阳的人两眼喷射出复仇的怒火，决心同魔王决一死战。正在这时，梦中出现过的老人连吼三声，声声震天，万山呼应。顿时，大地突起，越来越高，一直钻入云端，一条由西向东的大山挡住了魔王前进的道路。魔王被飞石击中，掉进大江里淹死了。

决心寻找太阳的英雄，在梦中老人的帮助下，终于找到了太阳。

现今的珞渝地区也因此而群山四起，道路艰险。

喜马拉雅的原居客——门巴、珞巴民族口述影像志：1956—1996

【照片档案013】

图片说明：墨脱的林海

拍摄时间：1955年7月

拍摄地点：墨脱宗加热萨村

【照片口述】

　　墨脱被誉为"植被类型天然博物馆"，植被丰富，各种阔叶林、针叶林、灌木丛以及热带植物遍地都是，从高山寒带植物到热带植物几乎都能生长，原始森林类型众多，有常绿阔叶林、针阔叶混交林、暗针叶林等。这里生长着樟木、楠木、乌木、铁木、红豆杉和有"天然活化石"之称的桫椤等80多种国家级重点保护珍稀植物。

【照片档案 014】

图片说明：原墨脱宗政府驻所一带的原始森林

拍摄时间：1956 年 5 月

拍摄地点：墨脱宗

【照片口述】

此处海拔 720 米，山下江水流速 12 米 / 秒。

这里的树种已知的有 280 余种，其中以珍贵的桫椤、楠木居多。森林系热带雨林，林中有虎头兰等不下 50 个兰草品种，具有很高的园艺价值。

【背景资料】

位于雅鲁藏布大峡谷中的墨脱县，沿江狭长分布，就像镶嵌在峡湾中的一块绿色的翡翠，是有名的"高原上的西双版纳"。这里随着河流的降低，南来的湿润气流已能沿河谷长驱直入，使降水增加，气温升高。因此这里的河谷低地具有稻谷飘香、绿竹滴翠、芭蕉迎客的准热带、亚热带风光。这里还是中国动植物界的一处宝库，各种自然资源十分丰富。

大峡谷核心无人区河段的峡谷河床上有罕见的四处大瀑布群，其中一些主体瀑布落差都在 30~50 米。峡谷具有从高山冰雪带到低河谷热带雨林等 9 个垂直自然带，汇集了多种生物资源，已发现 3700 多种高等植物，包括青藏高原已知高等植物种类的 2/3，已知哺乳动物种类的 1/2，已知昆虫种类的 4/5，以及中国已知大型真菌种类的 3/5。

【照片档案015】

图片说明：行进在墨脱林海中

拍摄时间：1956年7月

拍摄地点：墨脱宗汗密林区

【背景资料】

　　墨脱县植物种类繁多、植被结构复杂，垂直带谱明显，在40千米的水平距离内，从高山寒带植物到热带植物几乎都能生长，有常绿阔叶林、针阔叶混交林、暗针叶林等；生长着樟木、楠木、乌木、铁木、红豆杉和桫椤等80多种国家级重点保护珍稀植物。1982年，中国开始对多雄拉山南坡至布裙山一带的八个垂直自然带谱进行重点保护。

　　汗密原始森林生态区，位于西藏墨脱县的德兴乡境内，居米林市派镇至墨脱县背崩乡之间的徒步路线上，距墨脱县城60千米。

【照片档案016】

图片说明：雪山下的林海

拍摄时间：1957年7月

拍摄地点：多雄拉山（海拔4300米）山顶

【背景资料】

　　雅鲁藏布大峡谷是我国动植物品种资源的大宝库。大峡谷总面积约有2万平方千米，生长着我国最大的原始森林群，其植被覆盖率占宜林面积的80％以上。青藏高原上难得一见的5000余种稀有植物，竟占当地植物种类量的2/3还多。地球上每100种植物中便有2种分布在这里。目前这里被国家列为保护对象的珍稀、濒危植物达27种之多。外界少有的楠木、高大的乌木、笔直的铁树、光滑的猴欢树，樟木、麻楝、千果榄仁、小果紫薇、山槟榔等树种，在这里到处可见；更不用说那有着1.2亿年树龄、世上濒于绝迹的活化石——树蕨和其他名贵树种，如穗花杉、铁杉、冷杉、云杉、红松、桂、栲等植物了。浩瀚的原始森林里，栖息着数百种珍禽异兽，如白猴、大犀鸟、小熊猫、香獐、鹦鹉、太阳鸟、红嘴相思鸟及野牛、孟加拉虎等，还有几百种不知名的神秘昆虫。

【照片档案017】

图片说明：墨脱山峦间连绵的"绿色海洋"

拍摄时间：1957年7月

拍摄地点：墨脱宗工布拉山

【照片档案018】

图片说明：从拉格前往汗密所见的雨林风光

拍摄时间：1991年7月

拍摄地点：墨脱县

【照片口述】

　　这是翻过多雄拉山口后进入的第一个林区，林木多为松柏和开红、白花朵的杜鹃林。图片拍摄地点在海拔3800米左右，气温较低。

【背景资料】

　　大峡谷的"希让湿热气候类型"分布于海拔500米以下的雅鲁藏布江谷地及支流内，希让、许木至巴昔卡一线。年平均气温22～20℃，夏季平均气温25～28℃，冬季平均气温12～16℃，年降水量2500～4500毫米。这里干湿季比较明显，雨季很潮湿。但是每年11月至次年1月的干季雨水较少，其余月份降水较均匀。峡谷内多云雾，相对湿度高。这里生长着茂盛的热带雨林。[1]

---

1 耿金如，刁志忠，沈苏，冀文正：《雅鲁藏布大峡谷国土旅游资源》，地质出版社1999年版，第17页。

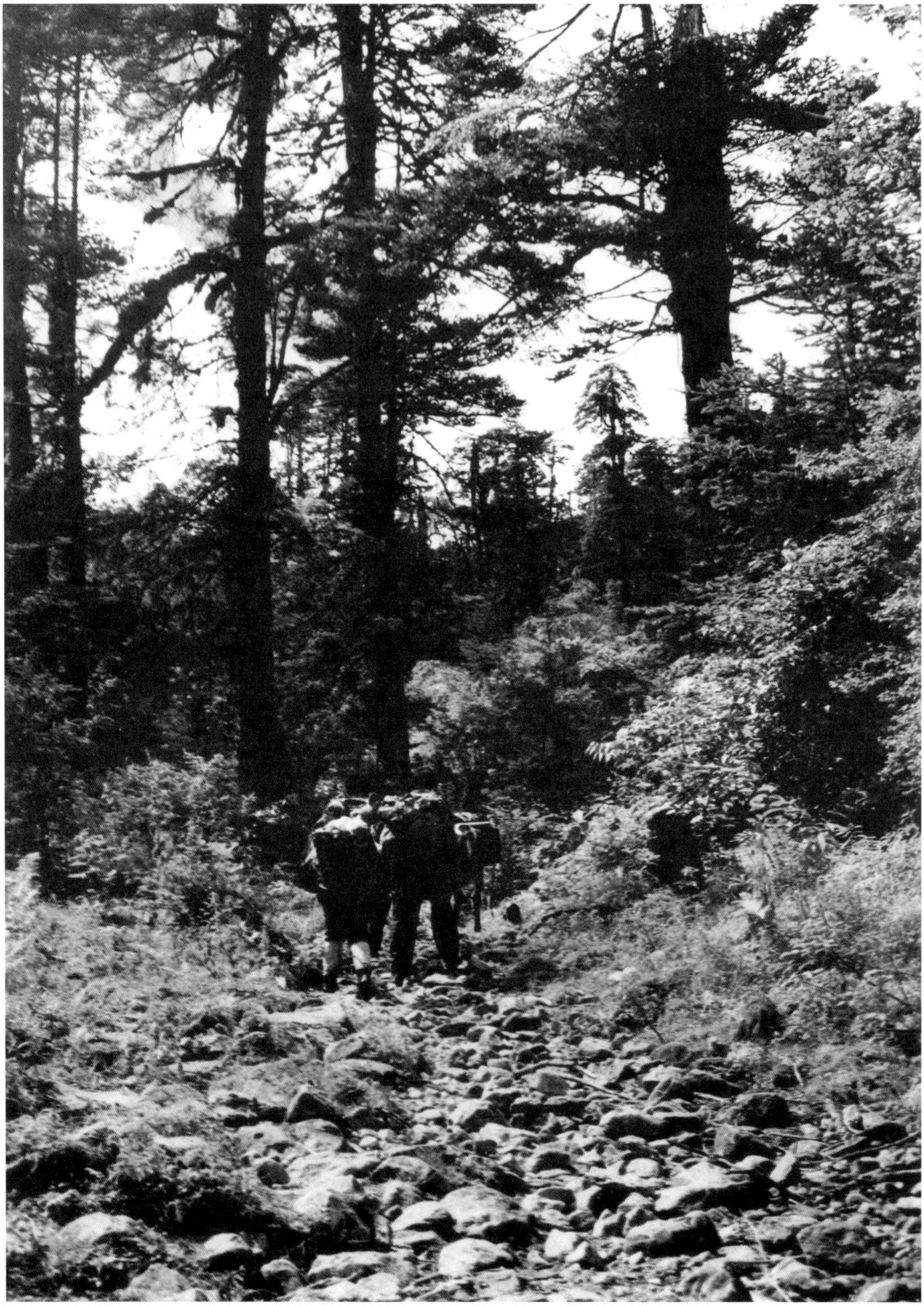

【照片档案019】

图片说明：穿越汗密原始林区

拍摄时间：1991年7月

拍摄地点：墨脱县汗密林区

【照片口述】

　　这里海拔3800米，却是亚热带气候区。植被以野杜鹃树居多，树高数米，树干粗壮。其四季开花，红白两色花朵均有。林中鸟兽成群，种类繁多，密林中树藤交织，行人难以越步。

【背景资料】

　　本地区核心地段在东与西和南与北之间相差不足两度，由于高差极为悬殊的地形以及与大峡谷距离和位置的不同，热量散布和降水量分布则产生明显差异。这里出现的气候上的多样性，却远远超过10多个纬度造成的影响，从而形成一地并存多种气候带的特征。南迦巴瓦峰地区以喜马拉雅山及岗日嘎布山分水岭为分界线。该线以北为波密、林芝、米林属高原温带半湿润气候带，以南大峡谷中墨脱等地为山地准热带、亚热带湿润气候带。界线北南分属截然不同的气候带，气候差异十分明显。[1]

---

[1] 耿金如，刁志忠，沈苏，冀文正：《雅鲁藏布大峡谷国土旅游资源》，地质出版社1999年版，第16页。

【口头传统】（珞巴族民间传说）

冷杉树和杜鹃树

讲述人：江措，男，珞巴族；扎西巴，男，珞巴族；安布，男，珞巴族；扎绕，男，珞巴族；嘎琼，男，珞巴族
翻译、整理：冀文正
采录时间：1956年8月
采录地点：墨脱宗卡布村
流传地区：今墨脱县帮辛乡、加热萨乡、达木珞巴民族乡

  在珞渝地区的原始森林里，凡是有冷杉树的地方，树下必然生长着密密麻麻的杜鹃树。它们为什么会生长在一起呢？

  传说，很早以前的远古时代，一个富人有许多奴隶，其中有一对青年男女。男的英俊勇敢，是个箭不虚发的好猎手；女的聪明漂亮，是个会织围裙的巧姑娘。他俩相亲相爱，如胶似漆。但主人不但不准他们相爱，还要霸占姑娘做他的第十个老婆。他俩被迫逃了出去。当他们快要逃到山顶时，残忍的主人射了一支毒箭，击中了男青年。姑娘悲痛欲绝，死死抱住小伙子，哭得眼睛都淌出了血。眼看主人带人追上来了，姑娘含泪用男青年的腰刀自杀了。一眨眼工夫，男青年变成了一棵冷杉树，姑娘变成了一棵杜鹃树，紧紧围绕在冷杉树下。看到这种情景，气得眼里冒火的主人命令随从把冷杉树和杜鹃树砍了，结果砍了一棵长出两棵，越砍越长，越长越多，长得漫山遍野都是，把主人一伙淹埋在茫茫的林海中了。

【照片档案 020】

图片说明：天高云淡墨脱美

拍摄时间：1954 年 11 月

拍摄地点：金珠宗兴凯村

【照片档案 021】

图片说明：墨脱蔚蓝而纯净的天空

拍摄时间：1954 年 12 月

拍摄地点：墨脱宗布龙村

【照片口述】

村外的山上全是树，坝子上是肥沃土地，村庄就坐落在两者之间。村庄在桃树的掩映下显得十分安静而祥和。

【照片档案022】

图片说明：远眺墨脱山区
拍摄时间：1955年5月
拍摄地点：帮辛区珠村

【照片档案023】

图片说明：山区风光
拍摄时间：1955年5月
拍摄地点：帮辛区帮辛村

【照片口述】

　　上珞渝地区三乡中，仅帮辛村有一块平坝。该村民居和田地（旱地）均集中在平坝上。

【照片档案024】

图片说明：墨脱蔚蓝而纯净的天空

拍摄时间：1955年5月

拍摄地点：墨脱宗背崩村

【照片口述】

墨脱生态环境极佳，原始森林密布，天高云淡，是一处真正的世外桃源。

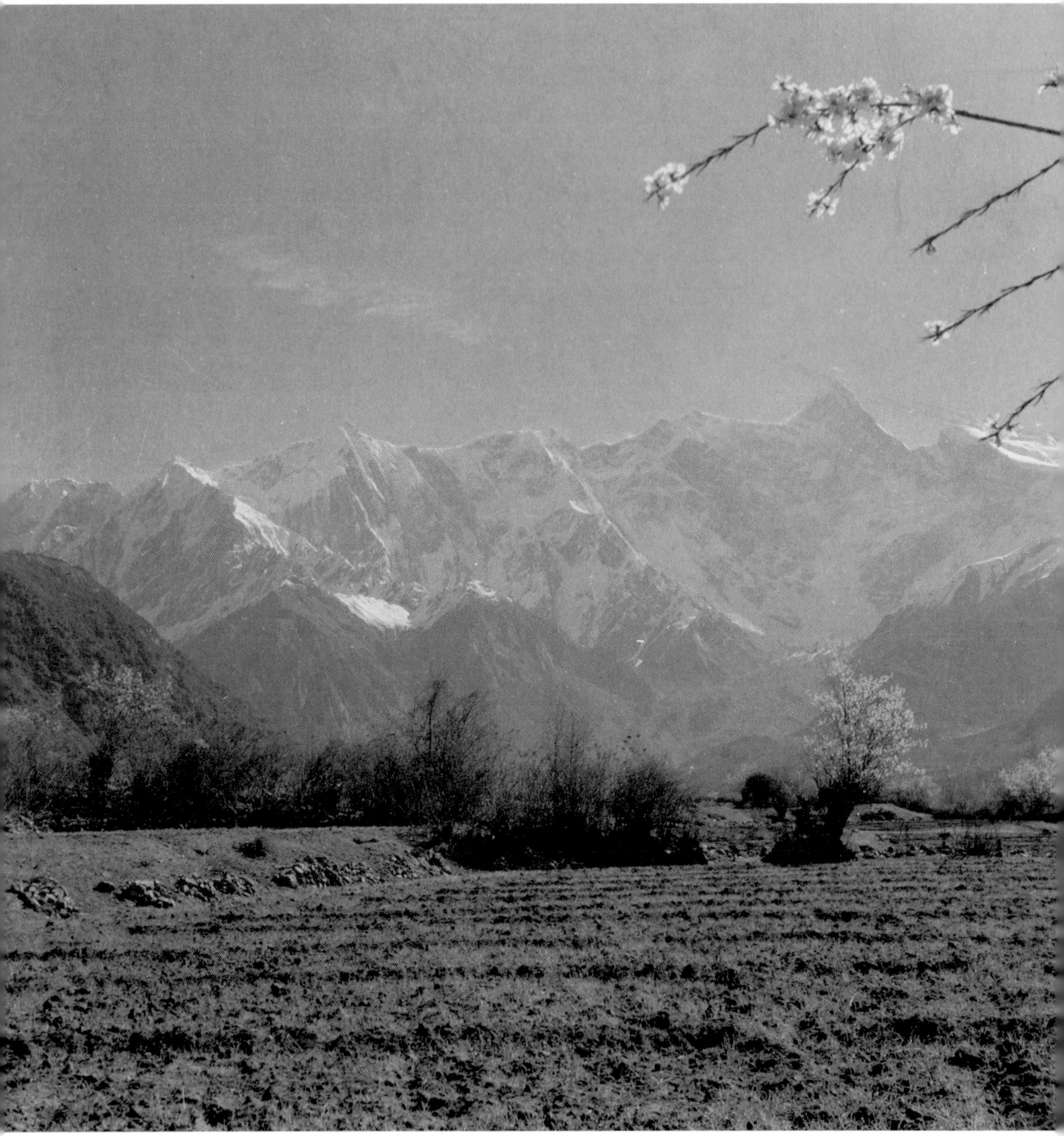

【照片档案 025】

图片说明：桃花下的村庄
拍摄时间：1956 年 10 月
拍摄地点：金珠宗兴凯村

【照片口述】

　　今属格当乡的兴凯村海拔 1800 米，是墨脱县海拔最高的村落，也是位于金珠河谷最顶端的一个村庄。

【背景资料】

　　格当乡为西藏自治区林芝市墨脱县辖乡，乡政府驻格当村。格当乡位于墨脱县东北部，距离县城 72 千米，是一个边境乡。兴凯村为格当乡的自然村。

　　格当乡，近古是金珠宗（县）的治所。1881 年，割据一方的波密土王就在此设置金珠宗，并以当地康巴藏族为宗本。这是全墨脱最先设宗的地方，是由波密通向墨脱的钥匙。1906 年，类乌齐、丁青、波密等地的藏族人，为了寻找"佛乐圣境"，就是走这条道路进入墨脱，并在格当、帮辛等地定居下来。1911 年，四川总督赵尔丰讨伐波密土王，也是沿这条路追入墨脱。

【照片档案026】

图片说明：大峡谷的风貌

拍摄时间：1957年7月

拍摄地点：墨脱宗达图卡村

【照片档案 027】

图片说明：雅鲁藏布大峡谷入口处风光

拍摄时间：1991 年 7 月

拍摄地点：墨脱县达图卡村

【照片口述】

　　达图卡村美丽而宁静，但村外的雅鲁藏布江却汹涌奔流，凶猛的气势让观者毛骨悚然。

【照片档案 028】

图片说明：嘎隆拉雪山下的扎（木）墨（脱）盘山公路

拍摄时间：1996 年 10 月

拍摄地点：墨脱县

【照片口述】

通往墨脱的道路共有5条，其中一条是从原林芝县排龙门巴族乡（简称排龙乡）沿雅鲁藏布大峡谷进入墨脱，由于险峻失修，成为"朗切"（绝路），极少有人来往；另外4条均要翻越喜马拉雅山脉，从东往西分别为金珠拉、嘎隆拉、遂拉和多雄拉。一般东路走金珠拉，西线走多雄拉。原来沿江和嘎隆拉修过公路，由于多种原因停工。

1994年，这里曾修了一条简易公路通往墨脱，但仅开进来一辆汽车后，公路因地质条件恶劣又断了，此后两次修缮均告失败。

【背景资料】

至2012年，墨脱仍是全中国唯一不通公路的县城。嘎隆拉山，位于西藏自治区林芝市墨脱县—波密县交界地带，为喜马拉雅山脉的东端段（也是横断山脉的西北极端），平均海拔4800米，山口海拔4200米左右，是行车进入墨脱的必经高山。

嘎隆拉山地势陡峭，地形复杂，山顶常年积雪平均厚达数百米，每年6-9月积雪融化后，行人方能通过。其余时间道路积雪，路径不辨、深浅难测，不能通行，完全封山。加上其地处南面印度洋暖湿气流和北面青藏高原高寒气流的交锋带，气候多变，同时地质构造复杂，活动剧烈频繁，任何时候都有可能发生雪崩、滑坡、泥石流等自然灾害，地质条件与交通环境十分复杂与恶劣。

经过勘测者和筑路者数十年的努力，2013年10月31日，全长117千米的扎墨公路举行通车仪式。墨脱公路起点位于波密县扎木镇，终点为墨脱县莲花广场，它是在原墨脱简易道路的基础上整治改建的，先后跨越波堆藏布江、金珠藏布江、西莫河等6条江河，经嘎隆寺，以隧道穿越嘎隆拉雪山，经米日和马迪村到达墨脱县城莲花广场。

【照片档案029】

图片说明：大峡谷中的云雾
拍摄时间：1996年10月
拍摄地点：墨脱县亚东村

【照片口述】

　　大峡谷的云雾是美丽的。

　　每年的10月至来年的3月间，多见的晨雾常常笼罩着宛如长龙的大江，当太阳升高时，在上午10时左右雾才散去。在当地，有晨雾便预示着当日是晴天。大峡谷的云雾一般距江面200米左右，恰好墨脱的村庄均坐落在距江面几百米处，形成了"云上人家"的奇丽风光。

【照片档案030】

图片说明：风景迷人的布琼湖

拍摄时间：1996年10月

拍摄地点：墨脱县

【照片口述】

此湖是背崩村山后的高山湖泊，湖四周均是高山，西贡雪山的冰雪融化后流入湖内。湖内有一小出水口，湖水满溢后由此注入西贡河中。湖中各种水鸟很多，我数了一下有23种，鱼也很多，据当地的放牧人讲，大鱼有一庹长（约1.67米），湖中还有许多红鱼。

据门巴族活佛桑阿回忆，他1947年路过此处时，看到过河马，益西平措等多人也讲过此事。据说还有人见过鳄鱼活动，长二庹，浑身都是疙瘩。

现布琼湖已列入国家自然保护区，近年来，科学家在此发现了20多种新物种，包括在中国境内首次发现的坎氏曙蛇，震惊学界。墨脱真是野生动物的宝库。

【背景资料】

布琼湖，位于墨脱县背崩乡东南部，距墨脱县城15千米，西贡河下游西侧，是布琼山腰处形成的天然湖泊，海拔1600米。湖面11.5平方千米，呈月牙形。湖水清澈透明，终年绿荫环绕，云蒸雾绕，湖口一条飞瀑飘洒直落西贡河。湖中常年栖息着天鹅、野鸭等珍禽，湖边树林中经常有灰长尾猴、羚牛、赤斑羚等野生动物。珍禽棕颈犀鸟也生活在此地。传说有"喜马拉雅野人"在此出没。

【口头传统】（珞巴族民间传说）

布琼湖的传说

讲述人：江措，男，珞巴族；安布，男，珞巴族；嘎顷，男，珞巴族；顿加，男，珞巴族
翻译、整理：冀文正
采录时间：1956年7月
采录地点：墨脱宗达木村
流传地区：今墨脱县达木珞巴民族乡、加热萨乡、甘登乡

  白马岗这个地方，是莲花盛开、万紫千红的仙境。这里错落有致地分布着许多神湖，它们是空行母阿比亚萨造的，布琼湖就是其中的一个，远近闻名。

  传说，很久以前，布琼湖坐落在西贡山坡上，它的四周群山环抱，条条溪水流向这里，越积越多，湖面越来越高，快要淹没空行母的天庭了。空行母多次派小神下凡，都没能治理好。又过了一年，天庭门口都漫了水，空行母亲自来到门口，用她的神杖向北轻轻一戳，西贡北山被戳开了一条缝隙，湖水哗哗顺着缝隙向下流淌，但是出水没有进水多，湖水还是在慢慢上涨。空行母心急如焚，又用劲挑开了西贡北山，形成一条深沟，湖水顺着深沟流向西贡村，又流向山下的布琼村，成了西贡河。不到一年工夫，流进湖里的水量和流出的水量相当，布琼湖湖面再也没有升高，湖水始终深达二百庹，一直到今天还是如此。

【口头传统】（门巴族民间传说）

布琼湖的"水怪"

讲述人：米米尼玛，男，门巴族
翻译、整理：冀文正
采录时间：1988年7月
采录地点：墨脱县格当村

墨脱县布琼湖位于海拔700米的布琼村北部山上，海拔1500米以上，四周群山环抱，高出湖面千米，没有出水口，雪水注入湖里。湖为圆形，面积有二十亩，湖深超过四十庹。湖水湛蓝。湖面水草覆盖，鱼的种类甚多，有红尾巴鱼，有人捡到过一庹半长的鱼尸，有鳞鱼无鳞鱼均有，湖鱼味儿优于河鱼。这里地处偏僻的高山区，周围没有村落，人迹罕至，仅有少数香客抵此朝拜和索取圣水，因此，这里的生态没有遭到人为的破坏，一切都保留着原来的面貌，许多珍稀野生动物得以繁衍生息。

这个湖里有一头"曲朗"（译作海马或水牛），个头和千斤重的野牛相仿，样儿似马又像牛，它不经常钻出湖面。这里水草繁茂，湖水清甜，是天然的理想牧场。布琼村为数不多的几头黄牛天天来湖边吃草。一天，门巴族牧人普布坐在古松下歇息，看到从湖中蹿出一头有两头黄牛那么大的"曲朗"，它不费劲地赶跑了一头种牛，同母黄牛进行了交配。第二年村里添了一头有别于黄牛的牛犊，个大、体肥、脂肪多、毛短发光。在三年内淘汰了当地种牛。不到五年工夫，村里的牛都成了"巴麦"（犏牛）。现在全县都饲养"巴麦"。它的祖先是水牛。

距布琼湖较近的布琼村、格林村和西贡村，有多人看见过"曲朗"。格当村米米尼玛于1948年，曾三次目睹过"曲朗"的尊容。他说，仿佛湖里只有一头"曲朗"。传说它是天神派下来震慑湖里妖怪的，湖里水族很多，它们互不残杀，也不危害人畜，所以不猎杀它。

【照片档案 031】

图片说明：墨脱多峡谷飞瀑，让人如坠仙境

拍摄时间：1996年10月

拍摄地点：墨脱县汗密

【照片口述】

　　墨脱瀑布很多。由于山高坡陡，雪水经过狭长的山道奔向谷底，飞流直下，蔚为壮观。汗密位于南迦巴瓦峰南坡，曾经一天的路程我就遇见20多个瀑布。瀑布一般在2~4个流量，直高200~500米。冷多村在瀑布处安了一个小机器，发电可点亮村中30多个灯泡。德尔贡的瀑布有20多个流量，直高400米，若用于发电，电量一定更大。墨脱县委附近的瀑布，发电50千瓦，仅够机关单位使用和民用。

　　墨脱各处均有瀑布，若有效利用，发出的电可点亮各村各寨，造福边陲人民。

【背景资料】

　　汗密（汉密）属于西藏墨脱县，是墨脱县到米林市派镇的派墨线上的一个中转点。穿越原始森林到达汗密，路途艰险，蚂蟥猖狂，险象环生。

【照片档案 032】

图片说明：云雾缭绕的墨脱风光

拍摄时间：1996 年 10 月

拍摄地点：墨脱县

【照片口述】

墨脱位于大峡谷中，海拔又低，印度洋的暖风可随时进入这条通道，给这里带来了许多有利的自然条件，如原始森林茂密，雨量充沛；也造就了许多奇异的气候现象，如这里常雷电轰鸣，云雾缭绕，雨过天晴又常彩虹频降。

【背景资料】

墨脱域内地势北高南低，北、东、西三面高山相环，南面由中山向低山地带过渡，故印度洋暖湿气流可顺势而上，形成喜马拉雅山东侧的亚热带湿润气候区。

【照片档案033】

图片说明：墨脱县的高山草甸风光

拍摄时间：1996年10月

拍摄地点：墨脱县

【照片口述】

　　自然界有其存在的固有规律。南迦巴瓦峰南峰的底部是皂石构成的悬崖，这是制造有名的石锅的原料，从江面到海拔2000米处是热带雨林，之上是原始森林。在海拔3000米处多为杜鹃林，再向上是松柏、杉类植物。林中有上百种野兽，如孟加拉虎、熊、野猪、猴与黄羊等野生动物。

　　高山草甸区约在海拔3500米处，这里是羚牛、香獐与岩羊生活的天堂。

【照片档案 034】

图片说明：雅鲁藏布江扎曲段的大拐弯

拍摄时间：1997 年 4 月

拍摄地点：林芝县排龙乡扎曲村（海拔 1450 米）

【照片口述】

　　墨脱境内海拔 7782 米的南迦巴瓦峰是世界第 15 高峰。雅鲁藏布大峡谷大拐弯就是围绕它而形成的。

　　雅鲁藏布大峡谷全长 500 多千米，仅在墨脱县大大小小的大拐弯就有上百个之多，其中著名的有扎曲、刀嘎、帮辛、卡布、希让等大拐弯。雅鲁藏布江与帕隆藏布江（又称赤隆藏布，为雅鲁藏布江一条支流，全长约 266 千米）汇合后经扎曲大拐弯流向刀嘎大拐弯。

【背景资料】

　　此人常用十个字来概括雅鲁藏布大峡谷：高、壮、深、润、幽、长、险、低、奇、秀。其中的"奇"就是指：雅鲁藏布大峡谷在东喜马拉雅山脉尾间，由东西走向突然南折，沿东喜马拉雅山脉南斜面夺路而下，注入印度洋，形成世界上最为奇特的马蹄形的大拐弯。

　　广义上的"雅鲁藏布江大拐弯"是指主要分布在墨脱县的雅鲁藏布江多个大拐弯；狭义上的"雅鲁藏布江大拐弯"即指今排龙乡扎曲村的扎曲大拐弯，这也是雅鲁藏布江大峡谷中最大的拐弯。

【照片档案035】

图片说明：雅鲁藏布大峡谷入口处的大拐弯

拍摄时间：2010年10月

拍摄地点：米林县派镇

【背景资料】

雅鲁藏布大峡谷是地球上最深的峡谷。据国家测绘局公布的数据：这个大峡谷北起米林县（今米林市）派镇大渡卡村（海拔2880米），经排龙乡的雅鲁藏布江大拐弯，南到墨脱县巴昔卡村（海拔90米，在藏南地区，靠近印度阿萨姆邦），主体在墨脱县。其全长504.6千米，最深处6009米，平均深度2268米，是不容置疑的世界第一大峡谷。远远超过帕隆藏布大峡谷，以及美国科罗拉多大峡谷和秘鲁的科尔卡大峡谷。

第二章

金珠宗

金珠位于喜马拉雅山东端金珠拉山的南麓，距波密县达兴村仅4天行程，是东路进入墨脱的捷径。

从金珠向东徒步约一周至察隅，还要翻越横断山脉。据了解，1947年前后有3人走过此"路"，后再无人往来。金珠向西，沿金珠曲可抵卡布村，全程约40千米，徒步却需3天；从卡布村向西至帮辛地区，向南可抵墨脱。

金珠地区是一条山沟，从入口的兴凯村至聂巴村全长约40千米，12个自然村，近千人，分布在金珠曲两岸。金珠地区地势平坦，马牛成群，海拔从1600米至1800米，盛产青稞、小麦、玉米、鸡爪谷、旱稻、辣椒等农作物。这里人烟稀少，且荒地很多，所以，1952年波密分工委珞渝工作组选中此地为基地，一是利于粮食自给；二是以此地区为基地做好工作，便于逐步向外辐射。

金珠曲，又称"金珠藏布"，位于西藏自治区墨脱县东北部，发源于岗日嘎布拉，流经格当乡和达木珞巴民族乡，它和雅鲁藏布江的一级支流嘎隆曲（全长67千米，流域面积1990平方千米）在达木乡的巴迪村汇合后流入雅鲁藏布江，上游称"岗日嘎布藏布"。东方的山下是贡日嘎布曲（察隅河西支）。

今天的格当乡，近古是金珠宗（县）的治所。1881年，割据一方的波密土王就在此设置金珠宗，并以当地康巴藏族为宗本。这是全墨脱最先设宗的地点，是由波密通向墨脱的钥匙。

卡布村，今为西藏自治区墨脱县达木珞巴民族乡辖行政村。位于达木乡南部，金珠曲流入雅鲁藏布江交汇点左岸的高山山坡上，墨脱公路113K雅鲁藏布江大拐弯东侧，南邻墨脱镇米日村，北邻达木村。村落海拔1400多米，属于典型的高山峡谷地貌，属亚热带气候，雨水充沛。

卡布村为珞巴族居住村，至2015年10月，全村有41户，173人。全村经济以种植业、养殖业为主，种植茶叶、柠檬、蜜柚、香蕉等作物。

53

【照片档案 036】

图片说明：金珠宗政府背后的金珠拉雪山，白雪皑皑，晶莹剔透
拍摄时间：1956 年 4 月
拍摄地点：金珠宗

【照片口述】

  从金珠地区的兴凯村向北，翻越金珠拉雪山可至波密县的达兴村。

  金珠拉雪山是波密和墨脱两县的分水岭，山北属波密，山南属墨脱。从波密到墨脱要翻越 3 座雪山，即金珠拉、嘎隆拉和遂拉。现嘎隆拉修了隧道，扎墨公路通至墨脱县。

【背景资料】

  波密，藏语意为"祖先"，原设曲宗、易贡、倾多三宗；1959 年 12 月设波密县，隶属林芝地区；1964 年属昌都地区辖；1986 年元月归林芝地区；2015 年 3 月，撤销林芝地区，设立地级林芝市，波密县属之。

  波密县位于西藏自治区东南部，帕隆藏布河北岸，全县总面积 16760 平方千米，318 国道从县中心穿过，距自治区首府拉萨市 636 千米，距林芝市政府驻地巴宜区 230 千米，距昌都市八宿县 217 千米，地处喜马拉雅山脉东段北麓，为冲积平原。县城所在地为扎木镇，海拔 2700 米。气候温和湿润。

【照片档案037】

图片说明：金珠宗军民开垦河滩荒地

拍摄时间：1955年10月

拍摄地点：金珠宗

【照片口述】

　　1951年，中华人民共和国中央人民政府和西藏地方政府签订了《中央人民政府和西藏地方政府关于和平解放西藏办法的协议》。协议第四条规定："对于西藏的现行政治制度，中央不予变更。"但封建农奴制度已严重束缚了人民的生产积极性，故我工作组深入动员群众大力开荒，开荒的土地因不受原农奴制度的制约，群众可不用交税，不交地租，这大大激发了群众的生产积极性。

　　开荒生产，扩大了生产面积；增加产量，又增加了群众收入，改善了其生活。人民积极响应，垦荒积极性很高。

【照片档案038】

图片说明：军民一起研究深翻土地

拍摄时间：1956年3月

拍摄地点：金珠宗

【照片口述】

在河滩荒地上，最初我们工作组是用铁锹挖地，费力又效率低下，一人一天只能开垦2分土地左右，远远不能满足需求。群众借给我们耕牛，用牛耕地，大大提高了劳动生产率。

开荒生产，既扩大了土地面积，也增加了工作组的收入。1954年，工作组收获粮食12000多斤，人均生产粮食1500斤，远超西藏工委要求人均生产粮食161斤的标准。我们不但做到了粮食自给自足，还将余粮大量无息贷出和无偿救助缺粮户和困难户。生产不仅解决了工作组的粮食自给问题，也密切了军民、干群关系。

【照片档案039】

图片说明：金珠拉雪山下的藏族牧场，这里曾是珞巴族人的猎场

拍摄时间：1995年8月

拍摄地点：金珠宗体勤牧场

【照片口述】

墨脱县仅金珠地区有牧场，位于兴凯村通向金珠拉方向，地势比较平坦，水草繁茂，而且当地牧草营养丰富，牛羊吃了上膘快，所以群众都愿在此放牧。

其中，尤以体勤牧场名声最大，平时有几百头牛在此。

格当村

格当村为西藏自治区林芝市墨脱县辖格当乡乡政府驻地。位于墨脱县东北部，距离县城72千米，是一个临近波密县及察隅县的上察隅地区、印度非法占领区的村落。格当村在金珠曲边上，为原金珠宗的驻所。

现格当乡下辖格当村、布龙村、占根卡村、桑珍卡村、德吉村、多龙岗村。全乡共有农业人口106户，588人，其中劳力239人。生活方式半农半牧，以农业为主，兼营牧业。

辖地三面都是（西）岗日嘎布山脉区域。格当村海拔约1900米，林木覆盖率达85%以上，主要树木有楠木、青冈。动植物资源极为丰富，有十多种兰科植物，还拥有多种自治区级、国家级、CITES国际级重点保护动物，如孟加拉虎、熊、獐子、山羊、水獭、野牛等动物。

格当村经济以农业为主，兼营牧业。

格当村建有一寺庙，名格当寺，是恩达寺的子寺，属藏传佛教的宁玛派。寺内有僧人80余人，但住寺仅8人，其余僧众在家务农，有宗教活动时才来寺，僧人也可结婚。

这里平地较多，且位于80千米长的金珠河谷中心地带，人口稠密。由于江求多杰活佛住此，故村落很热闹，前来膜拜的信众很多，商业交换活动也发达。后来，我人民解放军一个边防排驻此。1962年对印自卫反击战结束后，根据中央指示，在此设立了格当民政检查站（即边防站）。

【照片档案040】

图片说明：金珠宗格当村全貌

拍摄时间：1955年7月

拍摄地点：金珠宗格当村

【照片口述】

　　格当村位于金珠曲河畔，海拔1850米。村民均为藏族。这里原来是卡布珞巴人的牧场与猎场，约在1820年，类乌齐（今隶属于西藏自治区昌都市）的朝圣者落脚此地，在征得珞巴人同意后定居下来，建村筑寺。

【照片档案041】

图片说明：金珠宗格当村
拍摄时间：1955年7月
拍摄地点：金珠宗格当村

【照片口述】

　　该村建有一座寺庙，为格当寺。1962年冬，村中建立"格当边防站"，守卫边防。

【照片档案042】

图片说明：金珠宗格当村藏族群众播种青稞、小麦，这种方式为撒播，即把种撒下，然后用手将种子埋入土中

拍摄时间：1955年4月

拍摄地点：金珠宗格当村

【照片口述】

在封建农奴制度下，广大农奴没有人身自由，政治上的受压迫，经济上的剥削，严重挫伤了其生产积极性。加上种子退化，耕作粗放，粮食产量很低，人民忍饥受饿，挣扎在死亡线上。

如图中的撒播方式效率低，劳动强度大，但收获甚微。

【照片档案 043】

图片说明：金珠宗格当村藏族群众松土
拍摄时间：1955 年 5 月
拍摄地点：金珠宗格当村

【照片口述】

　　撒播劳动强度大，松土也不轻松。禾苗刚一出土，急需将土壤松弛，以利苗芽成长。

　　这是旺扎和旺姆在劳动。她俩都是歌手，当时我凑巧路过，她俩刚吃过午饭，应我之邀唱起了歌谣，我至今记忆犹新：

　　桑日沙漠山上，响起了木笛声。不知曲名叫啥，听后心里难受。

　　看到红色袈裟，想入佛门学法；看到美丽姑娘，又想还俗成家。

【照片档案044】

图片说明：金珠宗格当村村民种植的小麦长势喜人
拍摄时间：1955年5月
拍摄地点：金珠宗格当村

【照片口述】

　　小麦和青稞是当地群众的主粮。由于各种原因，本来产量就低，加上严重影响产量的病株约占总株数的10%～15%，使产量更加低下。在扬花、灌浆季节，拔除病株非常重要，可以增加产量，也可使下年度病株大大减少。

　　我们指导村民在小麦和青稞抽穗后拔掉了影响产量的传染病株：坚黑穗病和散黑穗病株，仅此一项可增产15%。

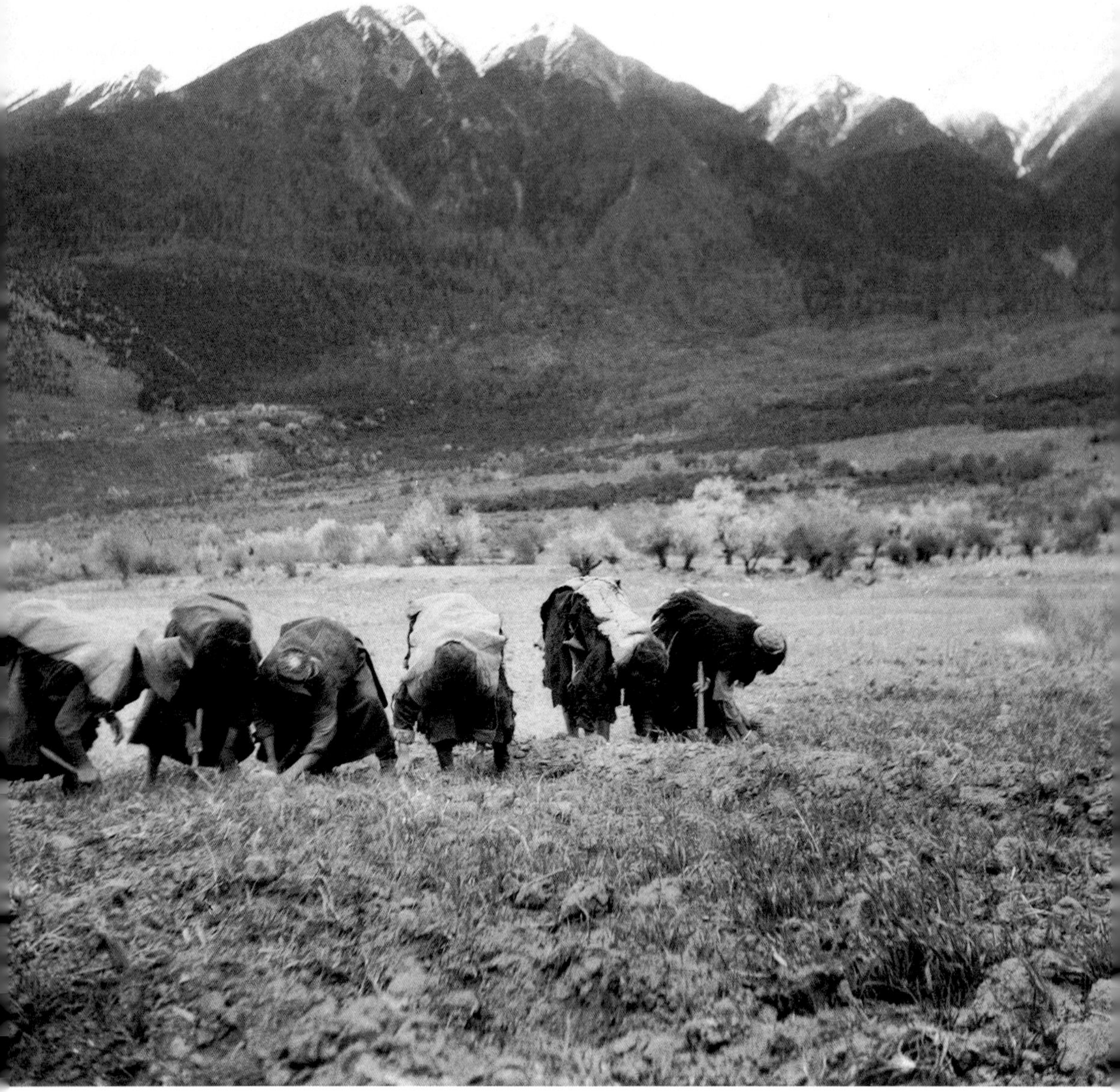

【照片档案045】

图片说明：全珠宗格当村村民栽种"鸡爪谷"

拍摄时间：1955年5月

拍摄地点：全珠宗格当村

【照片口述】

"鸡爪谷"因形似鸡爪而得名。它是当地群众的当家主食之一。它营养丰富，含糖量高，是酿酒的主要原料，它同玉米、棕心树粉各三分之一，合之发酵，可酿成白酒。鸡爪谷也是当地酿"甜酒"的唯一材料。

鸡爪谷，门巴族叫"工布""蔓加"，是禾本科农作物，籽犹如菜籽，产量相对当地其他作物较高，一般亩产可达300公斤。它的营养价值很高。

鸡爪谷不"娇气"，好"伺候"，一般采取栽插禾苗的方式。它产量较高，喜欢沙质土地，对土壤要求不太高，对土壤肥力要求也不高。一般苗高一尺时，要拔一次草，松一次土。其籽小，颜色紫红。

【背景资料】

"鸡爪谷"是西藏的称呼，这是一种热带耐旱谷类作物，学名"穇子"，属于禾本科（Gramineae）草本属，属粟米的一种。在我国各地称呼不同，如鸭脚粟（广西玉林市贵港市）、广粟、拳头粟（海南岛）、龙爪稷、龙爪粟、鸡爪粟、鹰爪粟、鸭爪稗、碱谷、非洲黍等。

"鸡爪谷"在我国主要分布于藏南地带（喜马拉雅山南部——横断山脉西南部，西藏鸡爪谷多分布在海拔2500米以下的暖湿地带，包括察隅、墨脱、错那、波密、吉隆、林芝、定结、聂拉木等县市的低谷地区），及广西玉林市贵港市和海南岛，其他一些地方也有少量种植。

【口头传统】（珞巴族民间传说）

鸡爪谷酒与人的由来

讲述人：保红，男，珞巴族；贡布，男，门巴族
翻译、整理：冀文正
采录时间：1996 年 12 月
采录地点：墨脱县达木珞巴民族乡卡布村
流传地区：墨脱县达木珞巴民族乡、背崩乡、墨脱镇、德兴乡

  世界上原本没有人。一天，魔女扎桑姆对猴少爷说："咱俩结婚吧。"猴少爷拒绝道："我是喇嘛，不能结婚。"魔女想好计策，不动声色地说："我来做酒，你放酒曲。"

  魔女煮好了玉米和鸡爪谷，叫猴少爷投放酒曲。一只黄蜂用脚把煮熟的粮食扒散，猴少爷把搓成粉末的酒曲均匀地撒在上面，待不烫手时，魔女将酒粮装入竹桶，用加了灶灰的稀泥封口。三天后，酒粮发酵了，魔女叫猴少爷筛酒，猴少爷奉命筛了一石锅的甜酒，魔女叫他畅饮，他开头不情愿，爬到树上，吃树果，喝露水。但时间久了，又饿又渴，只好喝酒，一下子喝了半锅，醉醺醺地睡着了。不知不觉中，他俩同居了。

  接下来的五年里，他们年年生小孩，小孩有男有女，但都是猴娃。魔女告诉孩子们外出时要遮住脸。两个大猴娃听妈妈的话捂住了脸，只露出两只眼睛，成了猕猴的祖先；小猴们没有捂脸，最后都变成了人，成了人的祖先。

【照片档案 046】

图片说明：金珠宗格当村村口大块青稞地
拍摄时间：1955 年 6 月
拍摄地点：金珠宗格当村

【照片口述】

　　格当村位于金珠地区面积稍大的平原上，土地肥沃、平整，适合各种农作物生长。

　　这里的耕地全用牛耕，施底肥，再撒播种子，拔草松土。冬小麦一季得浇水 5 次，一般亩产 300 公斤左右，在那时的金珠地区算不错了。

【口头传统】(珞巴族民间传说)

种子的来历（一）

讲述人：扎西，男，珞巴族；扎西巴，男，珞巴族；扎西拉达，男，珞巴族
翻译、整理：冀文正
采录时间：1997 年 6 月
采录地点：墨脱县达木珞巴民族乡达木村
流传地区：墨脱县达木珞巴民族乡、墨脱镇、甘登乡

相传，远古时代粮食长在树上，人们从树上获得维系生命的口粮。逢年过节，人们祭祀树，敬饭献酒，围树欢庆，把树看成至高无上的圣洁之物。

有一天，一个人嫌天天上树摘粮食太麻烦了，祭树后把树砍倒了。他把粮种摘下来，填满狗的嘴巴和耳朵，狗又把种子送给村村寨寨的千家万户，勤劳的人们把种子撒到地里，辛勤耕耘，年年获得好收成。

所以，珞巴族人说现在的稻谷、鸡爪谷、玉米、青稞、小麦、小米等粮种是狗带来的。为了报答狗的恩情，珞巴族人视狗为友，狗生崽犹如产妇分娩一样受到厚待，过年过节头碗饭也是先给狗吃。

【口头传统】（门巴族民间传说）

种子的来历（二）

讲述人：阿比加姨，女，门巴族；益西平措，男，门巴族
翻译、整理：冀文正
采录时间：1957年8月；1989年8月
采录地点：墨脱宗墨脱村
流传地区：今墨脱县墨脱镇、背崩乡、德兴乡

在一座大山下面，住着夫妻俩，他们有个痴呆的女儿。丈夫是猎人，全家以打猎为生。一天，妻子将要分娩，丈夫进山砍藤条，准备编织一个背小孩的巴堆（藤袋），结果被罗刹鬼打死了。

罗刹鬼背着猎人的尸体来到山下他家门口，吃了傻女。天大亮后，猎人的妻子要求出门解大便，罗刹鬼不准，她多次央求，最后罗刹鬼还是批准了，并说："快去快回。"并在她脖子上拴了个带藤绳的藤套，藤绳的一头由罗刹鬼牵着。她出了门，把脖子上的藤圈取下来，套在牛犊的脖子上。这时，她生了一个女婴，她将女婴连同一根燃烧的木棒交给猪圈中的老母猪后逃走了。

罗刹鬼久等不见她回来，一气之下吃掉了牛犊。他又看见猪圈里有头老母猪在保护着一个女婴，几次扑上去，都被火棒阻拦，没能得逞。罗刹鬼虽凶狠，但怕火，只好作罢，到处寻找猎人的妻子。在岩神的帮助下，猎人的妻子用火烧断了绳子，罗刹鬼从几百米的高空中摔下地，跌得粉身碎骨。

在猎人家中，女婴长得很快，没几天就成了小女孩。一天，老母猪说头痒，叫小女孩给她逮虱子。细心的小女孩每逮一个虱子就放在手心里，

不一会儿，逮了一大把，放在地上，一个个变了样，老母猪指着它们说："这是稻种，这是玉米种，这是鸡爪谷种，这是小米种，这是青稞种，这是芝麻种……"连说了三个二十个的粮种和蔬菜种，并吩咐："不能吃种子，把它们种在有水浇的沃土里，你就有饭吃了。"接着又说："这世界现在很寂寞荒凉，你若改变它，就会得到幸福。我请求你帮婆婆办一件事，你一定要办，而且要办好——你把我杀了，肉、内脏和血液不要吃一口、喝一口，把肉、血放到所有的石头上、草坝上，肠子挂在门南边那棵大树上……"小女孩坚决拒绝。老母猪无奈，自己撞死在猪圈里。小女孩痛哭不已，但还是含泪按老母猪说的办了。

三天后，这里成了一个大村庄，出现了很多房子，但就是没有人。突然，小女孩听到挂肠子的树下有"叽叽喳喳"的响声，就用力推动树干，想看个究竟。原来，树底下是一个大洞，人们争先恐后地钻了出来，于是这里家家户户人丁兴旺。

【照片档案 047】

图片说明：金珠宗格当村村民在小麦地中防治病虫害

拍摄时间：1955 年 7 月

拍摄地点：金珠宗格当村

【照片口述】

  当地小麦、青稞染病相当严重，主要是坚、散黑穗病，传染得很快。当病株还未散发病粉时（比正常植株扬花早几天），及时将之拔除、烧掉就行了。

  科学种田现场会后，农民现学现用。他们纷纷深入田间，拔除病株。

【照片档案048】

图片说明：金珠宗格当村村民收割青稞
拍摄时间：1955年7月
拍摄地点：金珠宗格当村

【照片口述】

　　群众收获庄稼是集体劳动，一般几家人联合，轮流帮忙，彼此不计报酬，主人家只管饭管酒。

　　群众互助成为习惯，一般收割季节互相换工。一换一，若欠工日，要付对方10升口粮，故违约情况很少发生。

【照片档案 049】

图片说明：金珠宗格当村村民收割小麦
拍摄时间：1955 年 8 月
拍摄地点：金珠宗格当村

【照片口述】

  看见硕大的麦穗，农民脸上挂满了笑容。我记得当时，军民一起收割，而农民边收边一起唱歌。他们歌唱好生活，歌唱解放军，当然，更多的还是情歌，这里记录几首：

  你是贤惠姑娘，我是勤劳青年，若能结合一起，幸福自然如愿。
  心爱姑娘脸上，虽无娇美凤眼，春耕秋收季节，却能扶犁挥镰。
  你是白云飘在蓝天，我是小苗长在田间；
  白云若是有情有意，请降甘露润我心田。

布龙村

布龙村位于金珠曲北岸，现属墨脱县格当乡所辖。该村海拔1850米，位于金珠地区的中心地带，周围人烟稠密，坝子相对宽大，有百余亩荒地可以耕种。因此，珞渝工作组选中此村为工作驻地，以此为中心开展工作。

我们到达该村时，全村只有34户村民，除一名原清军老兵田大爷为汉族外，其余全系藏族。我们珞渝工作组到达布龙村后，群众热情支持我们开荒生产。如村民次旺贡布带头借耕牛给我们使用，不少群众还借给我们种子和农具，对我们开垦荒地帮助很大。

关于田大爷（1955年病逝），据他本人介绍：1908年，四川总督赵尔丰派兵进入墨脱讨伐波密土王噶朗巴的残部，曾追赶到金珠。1911年辛亥革命爆发后，这股清军随后撤出金珠，退至波密。田大爷因病留驻布龙，被当地藏族同胞接纳，并定居下来。

田大爷口述的史料真实。据清代刘赞廷的著述记载：噶朗巴（波密土王）统治墨脱期间，噶朗巴白玛泽翁经常抢劫邻近地区的居民和过往的客商，受害的老百姓和商人很不满意。驻藏大臣联豫命令驻西藏的清军开往波密征讨，同时又请四川总督赵尔丰调动军队协助。东西两路军队夹击，噶朗巴逃往墨脱宗。清军继续追剿。赵尔丰所派的东路由副总督统凤山指挥，以西军中营帮带刘赞廷直接带兵，由今日的金珠拉进入，于1911年（宣统三年）农历六月二十九日抵墨脱宗。[1]

---

1 张江华：《门巴族》，民族出版社1997年版，第27页。

另据当地村民回忆，1913年，英国人贝利曾到达布龙村，并在此非法测绘，收集情报：

1913年，我国内地正处于推翻清王朝以后的动乱时期，当时的中华民国政府尚无暇顾及边远的西藏。对西藏垂涎已久的英帝国主义，即趁机在我西藏地方大肆进行阴谋活动，煽动"西藏独立"。为此目的，英帝国主义一方面拉拢西藏上层的亲英分子，另一方面，多次地派出勘察队和特务公开或不公开地勘测和考察西藏的雅鲁藏布江流域和下察隅、珞渝、门隅地区，为长期侵占西藏做准备。

F·M.贝利中校，是英国皇家地理学会和苏格兰皇家地理学会的会员，英帝国主义的特务。1904年，曾随英军"荣赫鹏远征队"入侵西藏，一年后，奉调任英印驻西藏春丕和江孜的贸易代表，历时三载有余。其间，他不断搜集我国内地和西藏的情报。1910年以休假为名，一度潜入我毗邻印度阿萨姆邦的西藏东部地区进行活动。1912年冬，英军侵入我西藏下察隅等地区，随即派出勘察队进入上述地区勘察地形。当时，贝利直接受命于麦克马洪，以谍报官（特务）的特殊身份，伪装成探险旅行者潜入西藏，开始了他的非法行动。

非法的"麦克马洪线"的产生，正是贝利"无护照西藏之行"取得的极为实际的利益。在七个月的时间里，贝利一行潜行于雅鲁藏布江河谷和喜马拉雅山区，考察种族聚居的地理位置和民族区分，最终炮制出一张麦克马洪所需要的地图，这就是在"西姆拉会议"上抛出的"麦克马洪线"的蓝图。

【照片档案 050】

图片说明：金珠宗军民耕作，栽种鸡爪谷

拍摄时间：1955 年 5 月

拍摄地点：金珠宗布龙村

【照片口述】

　　我们工作组和当地群众一起，共同生活，共同生产。大家互帮互学，都是自愿与无偿的。图为我们工作组帮助群众移栽鸡爪谷禾苗。

　　鸡爪谷和水稻一样，都属于移栽作物。它比用撒播种子方式种植的作物产量高出一倍。

　　一般在过了新年后的阴历三月份，在村庄附近的肥沃地里（不少农家在自留地中）挑选十数平方米，施足底肥，将种子覆盖沃土中。不足两月，待禾苗长至 30 厘米时（约阴历五月），进行移栽。

　　移栽时株距 20 厘米左右，因系雨天才移栽，故栽后不需浇水（山区也无法浇水），完全"靠天吃饭"。不过，这里极少旱灾，反而是水灾频繁。如 1954 年的暴雨造成粮食大减产，造成三分之二的群众缺少口粮，是过去几十年间最严重的一次自然灾害。

【照片档案051】

图片说明：金珠宗军民移栽鸡爪谷

拍摄时间：1955年5月

拍摄地点：金珠宗布龙村

【照片口述】

　　布龙村位于金珠河北岸，海拔1750米，原不产水稻，农作物以旱稻、鸡爪谷和玉米为主。村庄平坝较大，有可垦耕地数百亩。珞渝工作组驻此，先后开垦了200多亩耕地，除了粮食自给自足，还接济群众，广受群众好评。

77

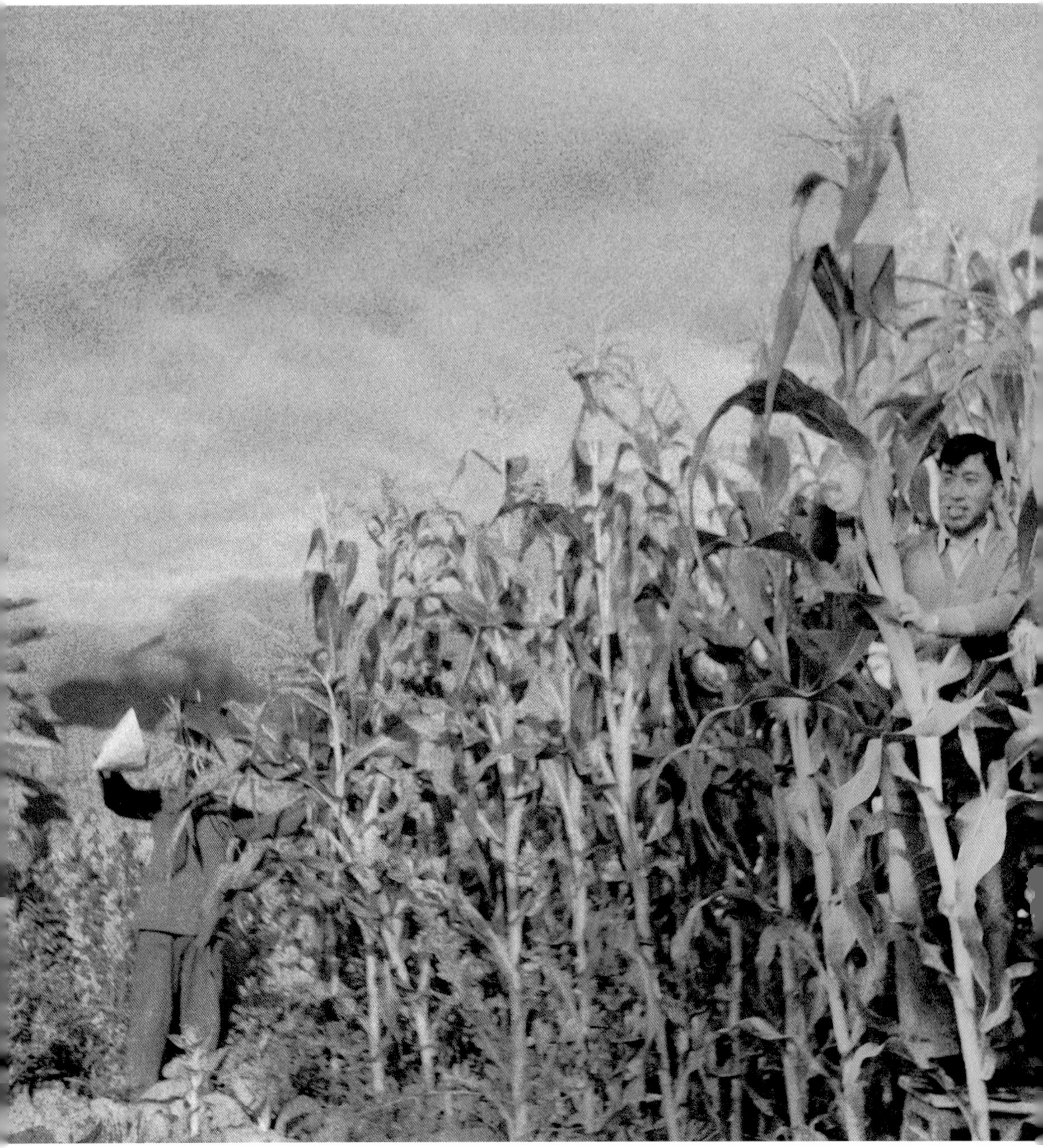

【照片档案052】

图片说明：金珠拉雪山下金珠宗布龙村的玉米地

拍摄时间：1955年8月

拍摄地点：金珠宗布龙村

【照片口述】

　　我们工作组对玉米实行的"人工授粉"可提高玉米的单产10%以上。这项简单易行的生产技术大大提高了单产，深得当地群众的喜爱，并被广泛采用。他们将此形象地称为"玉米结婚"。从此，"玉米结婚"技术盛行墨脱各地。

　　因为玉米是异花授粉，若遇雨水过多影响授粉，就会大大减产；同时，自花授粉将使种子退化，影响产量。如1954年，当地暴雨使玉米减产50%左右。

　　我们"玉米结婚"的做法是：在玉米的授粉时刻，两人拉绳划过玉米秆尖，使雄粉尽可能散落在雌株上，实现异花授粉，这里指大面积的"人工授粉"方法。

　　精选良种的"人工授粉"方法稍微复杂些，但也易行。在大田中选择一块有百余株玉米的地，在玉米扬花前拔掉玉米的雄穗（植株顶部），在植株中间的雌花显鲜红色时，将其他植株花粉（越多越好）用纱布过滤后，撒在雌花上。

　　"人工授粉"每天上午进行，得连续进行一周。待雌花全部枯萎后，即可停止。

　　这种方法获得的果实，成了优良品种。我们工作组年年实施，年年高产，群众看见了效果，十分欣喜，推广也很顺利。

【照片档案053】

图片说明：布龙村茁壮生长的玉米
拍摄时间：1955年5月
拍摄地点：金珠宗布龙村

【照片口述】

在墨脱地区，玉米属高产植物。在十余种粮食作物中，它是老大。一般年景，亩产也在千斤左右，比水稻的产量高出了30%。玉米是墨脱人民的当家口粮，在水稻区，玉米种植面积占三分之一，无水田处占三分之二。

群众酿酒靠它，喂猪也用它。故当地有俗语——"玉米多少是生活水平高低的尺子"。

【照片档案 054】

图片说明：金珠宗布龙村村民春耕

拍摄时间：1956 年 2 月

拍摄地点：金珠宗布龙村

【照片口述】

　　军民同心松土拔草，精耕细作，以利提高单产，增加总产，改善群众生活。

　　我们在墨脱工作的干部也是合格的生产队员。大家一天中有三分之二的时间是在参加生产劳动。一方面，由于雪山封冻，我们无后勤保障，为了不增加驻地负担，引起物价波动，只有自力更生，自给自足；另一方面，生产劳动也拉近了军民关系。

【照片档案 055】

图片说明：丰收在望

拍摄时间：1955 年 7 月

拍摄地点：金珠宗布龙村

【照片档案056】

图片说明：修理排水沟渠，便于麦田的灌溉
拍摄时间：1956年2月
拍摄地点：金珠宗布龙村

【照片口述】

  水利是农业的命脉。金珠宗布龙村水利条件较好，通了水渠，可保证灌溉需要，保证获得好收成。图为军民协力维修水渠，保证农时用水。

  修水渠，群众都乐意参加，一般所有劳力都自愿无偿参与。参加者自带饭菜，就餐时，大家围圈而坐，互尝对方佳肴，亲如家人。

  当地的不少歌谣也唱及此点：

> 哈达太长有何用？只要洁白就行了；
> 朋友太多有何用？心地善良就行了。
> 哈达绣花有何用？质地洁白才喜人；
> 姑娘漂亮有何用？心地善良就行了。

【照片档案057】

图片说明：村民用小刀收割青稞
拍摄时间：1956年6月
拍摄地点：金珠宗布龙村

【照片口述】

　　金珠宗布龙村村民用小刀收割青稞穗后，将青稞麦秆储存起来喂养牲口。当地气候温和，宜于作物成长，故极少出现牲畜"冬瘦春死亡"的现象。

　　因系收获季节，人人喜出望外，田间也歌声不断。大家边唱边劳动，歌声响彻云霄。让我记忆深刻的是这两首：

> 我和你的姻缘，好比山中流水。
> 听到哗哗声响，如愿难比登天。
>
> 请不要闭上嘴，唱支动听的歌。
> 歌声带来欢乐，消除劳动疲劳。

【照片档案058】

图片说明：村民收割青稞草，储备饲料，保畜过冬
拍摄时间：1956年7月
拍摄地点：金珠宗布龙村

【照片口述】

  当地农民相当重视储备饲料，备草过冬。除了平时储存一些青草外，青稞、小麦的麦秆是主要的优良草料。

  有些农户在高寒地方种植高秆青稞，比一般青稞高出30多厘米，群众称之为"疯长"。待其高达1米左右时，农户将其割掉作为储备草料。割后的青稞母株还可生长40厘米左右，可供牲畜冬食。

  这种饲草营养高，量足，可保证牲畜安全越冬，顺利度过"春乏关"。

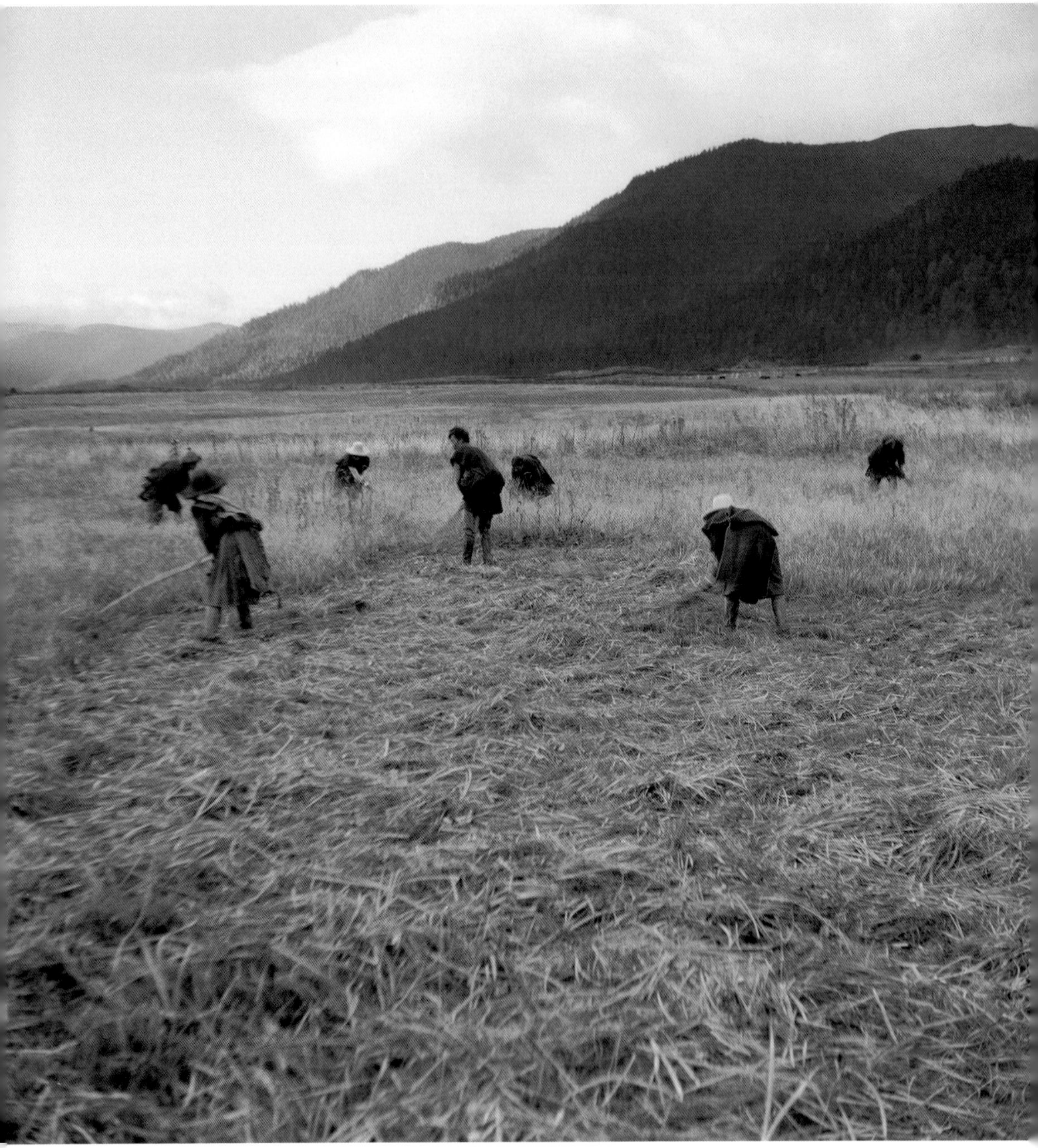

【照片档案 059】

图片说明：储备草料，准备越冬

拍摄时间：1956 年 10 月

拍摄地点：金珠宗布龙村

【照片口述】

布龙村是半农半牧区，没有藏北的严寒冬季，冬天也很少有雪灾，但冬春大地没有青草，饲料准备充分，就能保证牲畜安全过冬。

一般农民均留有大片草场，待到秋后，用长镰刀将几十厘米高的青草割倒，然后绞成一串串，挂在木架上晒干，便成了过冬储备的草料。

劳作时伴以歌声，是当地农牧民的习惯。勤劳善歌是其特点。他们用歌声歌颂丰收，用歌声歌唱劳动。

> 高山顶上是洁白的雪，
> 阳光一照就变成圣水；
> 高山的半腰布满森林，
> 这是群鸟游戏的地方；
> 高山脚下有百户部落，
> 是牧人玩耍的好地方。
>
> 所有的高山顶上，
> 无供桑烟雾缭绕，
> 是有好运的预兆。
> 岩石草坪交接处，
> 没牛羊奶水漫流，
> 是牛羊壮的预兆。

【照片档案060】

图片说明：村民储草过冬

拍摄时间：1956年11月

拍摄地点：金珠宗布龙村

【照片口述】

这是次旺工布和布且拉两家在"换工"。布龙村青草高达60厘米，一亩饲草可圈养10头牛。当地的饲草地严禁放牧，并且要施肥、浇水，故水草丰茂。

布龙村农、牧业都较发达，牲畜死亡率也远远低于周边村庄。

【照片档案 061】

图片说明：金珠宗布龙村村民收割青稞秆，储备草料
拍摄时间：1956 年 12 月
拍摄地点：金珠宗布龙村

【照片口述】

收割农作物时，一般集体劳作，几家人合伙一起，轮流为其中一家免费劳作，称为"换工"。人多力量大，收获进度也快。一些勤快或劳力多的人户，也会在自家劳作完成后，主动去帮他人收割饲草或收割庄稼等。

【照片档案062】

图片说明：深耕土地
拍摄时间：1956年3月
拍摄地点：金珠宗布龙村

【照片口述】

　　我们自己动手，丰衣足食。
　　用畜力深耕土地，提高地力，增加产量，为更好地开展工作奠定了物质基础。

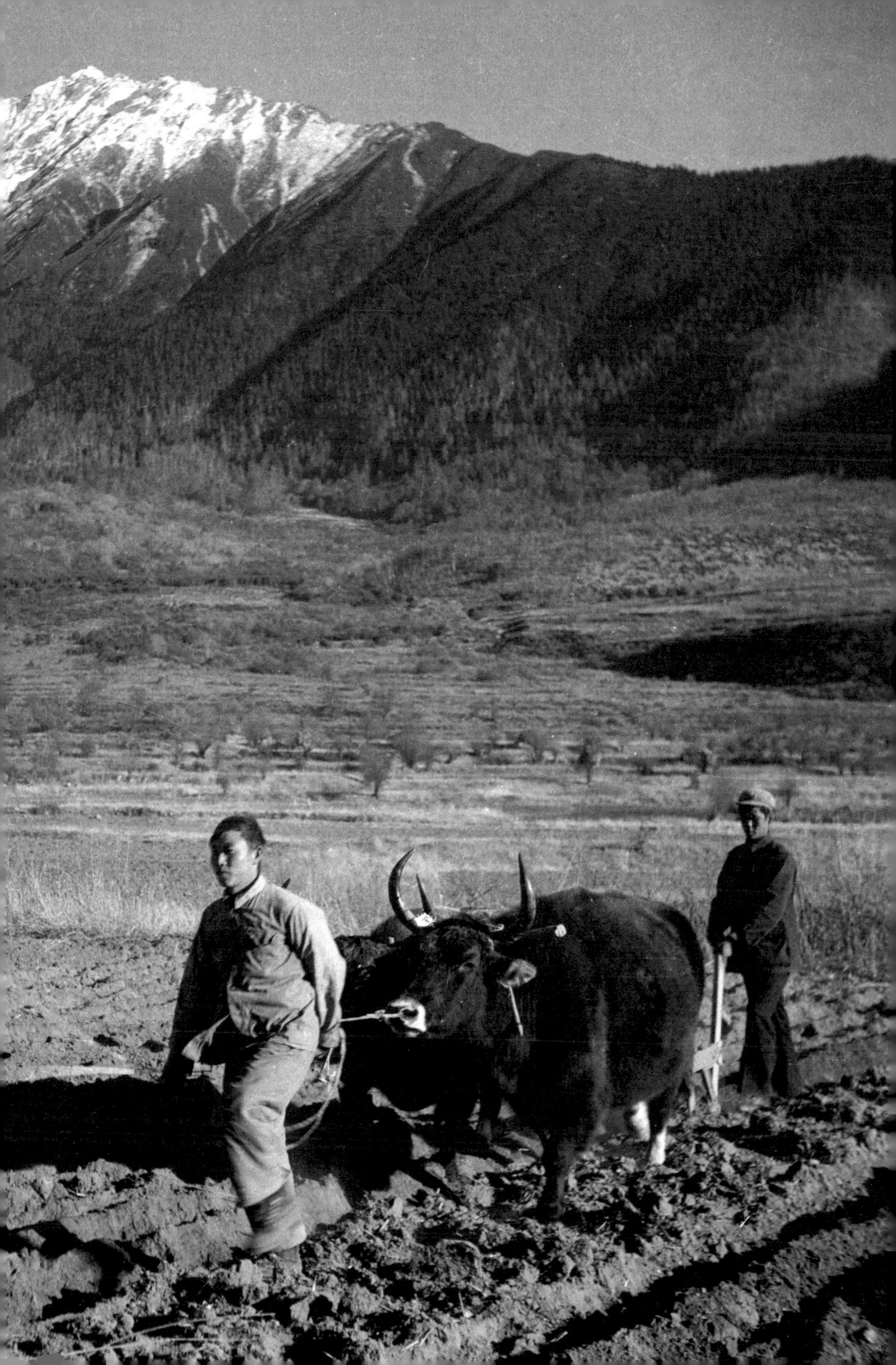

【照片档案063】

图片说明：鸡爪谷、旱稻等作物经过肥地育苗，苗壮增产
拍摄时间：1956年3月
拍摄地点：金珠宗布龙村

【照片口述】

在十八军进藏的过程中，毛泽东主席从西藏的经济、政治状况出发，体恤藏族人民的疾苦，提出了"进军西藏，不吃地方"的方针。[1] 我们认真贯彻了毛主席的教导，开展了大生产。

生产不仅仅是个经济问题，事关生存，而且是个政治任务，这对于"独居一隅"的墨脱更加重要。生产让我们在边疆站稳了脚跟；生产也让我们密切了同群众的联系；生产也是课堂，是向群众传播科学知识的平台。

【背景资料】

实行生产自给，解决军需民用。中央政府作出了"进军西藏，不吃地方"及"精打细算，生产自给"等指示，提出"保障军需，兼顾民用"，"统一采购，紧缩开支"等一系列财经政策。[2]

---

[1] 阴法唐：《阴法唐西藏工作文集》（上），中国藏学出版社2012年版，第25页。
[2] 中华人民共和国国务院新闻办公室：《西藏民主改革60年》，(2011-07-11)[2017-09-23], http://www.gov.cn/zhengce/2011-07/11/content_2615781.htm。

【照片档案064】

图片说明：金珠拉山下收割青稞忙

拍摄时间：1956年6月

拍摄地点：金珠宗布龙村

【照片口述】

　　墨脱县一年收获3季。5月份收获冬小麦和青稞，10月份收获玉米、豆类作物，再种荞麦或圆根。

　　收获冬小麦和青稞是只割穗头，麦秆作为柴火或牛、羊饲料。

【照片档案065】

图片说明：金珠宗布龙村群众植树美化环境

拍摄时间：1956年2月

拍摄地点：金珠宗布龙村

【照片口述】

  我们珞渝工作组成员进入墨脱，热爱边疆，建设边疆，我们教育和引导当地群众植树造林，美化环境。我们种植的植物主要为香蕉、桫椤等。

第三章
墨脱宗

原西藏地方政府管理墨脱及其以南地区后，设立各级政权机构，强化封建农奴制统治。墨脱宗下设五"措"，即东布措、荷扎措、背崩措、萨嘎措和达岗措。措设"措本"一职，由宗本委任，任期一般为三年。措下设"学"，相当于村，每"学"有一"学本"，相当于村长。学本由村民推选，由措本和宗本认可，任期通常为两年。"学本"之下有"称巴"，是传递信息的通讯员。"称巴"是"差"的一种，在村内轮流派出。墨脱宗各措所属的村庄如下——

东布措：乌浪、比牛、德果、文浪、当古、德新、米日、马迪、东布、墨脱等村；荷扎措：亚让、普群、月儿东、那东、马崩、荷扎、西贡、西若、果布等村；背崩措：背崩、格林、德尔贡、江九、阿仓、卜东、巴登等村；萨嘎措：得尔工、江心、碧波、苦果、西让、地东、墨尔根、夜东、邦古、阿金等村；达岗措：阿米、吉刀、马勇、古根、牛岗、蒙果扎、扎西岗、哥仁、月儿东、果尔普、更仁、卜浪、哥布、都登、林根、班戈等村。墨脱宗的最高行政权掌握在由色拉寺委派的宗本手中。宗本全权管理全宗的行政事务、土地分配、差赋征收和法律诉讼、裁决等，成为领主阶级在墨脱的权力代表。[1]

西藏和平解放后，将原墨脱宗、金珠宗和帮辛合并，1959年7月，组建墨脱县，属塔工地区；1964年，划归拉萨市管辖；1986年2月，划归林芝地区管辖；2015年3月，撤销林芝地区，设立地级林芝市，墨脱县属林芝市管辖。2024年，墨脱县辖1个镇7个乡45个行政村、1个社区。至2024年，全县常住人口14934人。

---

[1] 陈立明：《原西藏地方政权对墨脱及其以南地区的统辖与治理》，载《西藏研究》，2006年第2期。

墨脱村

墨脱村位于"高原孤岛"墨脱县境内，今隶属于墨脱镇，地处县城及镇政府所在地附近，距离墨脱县县城不到1千米，距波密县城142千米。墨脱村北接马迪村，南接背崩乡，与德兴乡之间相隔雅鲁藏布江，是一个以门巴族为主的多民族居住村，平均海拔820米。

墨脱村有门巴族、珞巴族、藏族、汉族四个民族，门巴族约占总人口的97%。

墨脱村位于喜马拉雅山东侧，属亚热带湿润气候区。这里四季如春，雨量丰沛，年均温度16℃，1月均温8℃，7月均温26℃，年极端最低温度2℃，最高温度38℃，年降水量在2358毫米以上。南部最大降水可达5000毫米，无霜期340天，年日照时数2000小时以下，年降水量为2000毫米左右。气候湿润，适宜生活。

雅鲁藏布江从朗县经过，在米林市迎面遇上喜马拉雅山阻挡，被迫折流北上，绕南迦巴瓦峰作奇特的马蹄形回转，在墨脱县境内由南迦巴瓦峰山下向南奔泻而下，经印度注入印度洋。水力资源极为丰富，其天然水力蕴藏量达6880余万千瓦。仅在雅鲁藏布江大拐弯一处，水能就占雅鲁藏布江全部水能的2/3，占全国水能蕴藏量的1/10。雅鲁藏布江在墨脱村西部流过，为村民生活、生产提供了充沛的水资源。

墨脱村气候宜人，雨水充沛。该村种植水稻、茶叶、枇杷、柠檬、蜜柚、香蕉等作物。

墨脱村门巴族虽然大多信仰苯教，但是受到藏传佛教的影响，佛教信徒也很多，他们大多信仰藏传佛教中的宁玛派。在墨脱县内原共有20座寺庙，其中以墨脱村南面的则马拉山上的仁青崩寺建寺历史最长，在县内外影响最大。

墨脱村斜坡坝子有5000多亩，在县境内属最大平坝了，其次为背崩村、莫邦村和德兴村。该村有可耕水田560亩，旱地1000多亩。

原墨脱宗政府设在村庄北头。1972年墨脱县委、县政府迁至村北面的"东布"山上，名曰"山"，实际只是一个小山头，高出村庄100多米。它名声很大，还是一座圣山，至今还有祭祀的小神坛。

【照片档案 066】

图片说明：墨脱村村民用小刀收割稻谷（旱稻）

拍摄时间：1956 年 9 月

拍摄地点：墨脱宗墨脱村

【照片口述】

墨脱盛产稻谷，其又分为水稻和旱稻两种。当地没水田或水田少的村庄以旱稻为主，一般采用刀耕火种的方式。村民们在草木灰上戳洞，然后撒播种子，撒种后再人工用土覆盖。

旱地也要栽秧，不过不浇水，也无法浇水，故村民往往是在雨天栽插秧苗。

收割庄稼时，稻谷、鸡爪谷、小麦和青稞均是割取穗头，麦秆或扔掉，一烧了之；或储存起来，用作牲畜饲料。

【照片档案 067】

图片说明：墨脱村村民一字排开，用小刀收割稻谷

拍摄时间：1956 年 9 月

拍摄地点：墨脱宗墨脱村

【照片口述】

　　村民收割穗头时，会身背一藤筐，右手持一把小刀，左手握住穗头，仅割除约 10 厘米的穗头，扔于背上的筐里。

　　筐满后，若是稻谷，便倒在平铺的席上（一般由 4 张拼成），由两人用脚来回踩踏，脱粒；若是鸡爪谷则直接运回入仓，将鸡爪谷穗放在空心木桩中，捣碎后再食用。

【照片档案068】

图片说明：墨脱村村民切割稻穗头
拍摄时间：1956年9月
拍摄地点：墨脱宗墨脱村

【照片口述】

　　这是一对门巴族的恩爱夫妻——男为索朗旺勤，女为索朗旺姆——在收割水稻。

　　门巴族农民和珞巴族农民收割方式基本一致，两者仅在与农业（农神）有关的祭祀活动上形式不同：珞巴族杀鸡祭祀土地神、粮神；门巴族则"煨桑"祭祀粮神。但有关活动的目的也是相同的，即祈求风调雨顺、五谷丰登。

【照片档案069】

图片说明：门巴族夫妻收割稻谷

拍摄时间：1956年9月

拍摄地点：墨脱宗墨脱村

【照片口述】

　　索朗旺勤与索朗旺姆夫妻为墨脱村村民，他俩勤劳善良，也热情好客，加上为人诚实，生活条件相对优越。

【照片档案070】

图片说明：索朗旺勤收割稻谷
拍摄时间：1956年9月
拍摄地点：墨脱宗墨脱村

【照片档案071】

图片说明：索朗旺姆用小
　　　　　刀收割稻谷
拍摄时间：1956年9月
拍摄地点：墨脱宗墨脱村

地东村

地东村位于西藏自治区林芝市墨脱县背崩乡雅鲁藏布江西侧山坡上，北邻阿苍村，东邻雅鲁藏布江。背崩乡辖 9 个行政村，2007 年年底全乡农业户 329 户，农业人口 2042 人，是当时全墨脱县人口最多的乡。

地东村位于墨脱县最南端，距县城 29.11 千米，西面多雄拉山与米林市相邻。昔日属萨嘎措管辖。从此村向东越过藤索桥可抵达江东；从此村向北可抵达沿江的墨脱各村及大后方。

1881 年，西藏地方政府在此设立（今墨脱县境内三宗之一的）地东宗（县）；1919 年，搬到现墨脱县城所在地，改名为"墨脱宗"，属萨嘎措。但门巴族人民一般称之为"白马岗宗"。此村从 1963 年后，建有民政检查站。

地东村原有 82 户，其中珞巴族 5 户，藏族 2 户，余为门巴族居民。2017 年 1 月，全村共有 108 户 597 人，均为门巴族人。

地东村植被丰富，雨水充沛，适合农作物生长。地东村主要种植水稻、玉米、鸡爪谷等。

地东村有 12 名青年参加了革命工作。在措本旺勤带动下，附近各村男女青年也踊跃报名，先后共有 18 位。其中，不少人都成为地专级领导骨干，如刀布、桑杰扎巴、扎巴丁增等。

【照片档案 072】

图片说明：云雾缭绕的地东风景
拍摄时间：1956 年 2 月
拍摄地点：墨脱宗地东村

【照片口述】

地东村是一处美丽的山村，气候宜人，整个山村被香蕉树环绕，好似西藏的江南。

图中白色晨雾弥漫山谷，谷底即是雅鲁藏布江。每年的春初、秋末，谷底几乎天天起雾，太阳升空几个小时后（约上午 11 时）大雾才散去。这一自然奇观，使墨脱许多村庄成为美丽的"云上人家"。

【照片档案 073】

图片说明：墨脱县地东村云雾缭绕
拍摄时间：1962 年 7 月
拍摄地点：墨脱县地东村

【照片口述】

　　墨脱处处好风光，村村都各有特点。清晨，云雾刚刚升起时，地东村成了"云上人家"。

　　地东村海拔低，地势稍微开阔，平地稍多。雅鲁藏布江边处有大片水田，耕地面积大，因此，在原墨脱地区，该村人民生活水平较为不错。

　　地东村村民善良，诚恳好客，热爱解放军。该村西绕、布赤、扎西等 7 名青年先后参加了革命，经过深造后都成了国家栋梁之材。

【照片档案074】

图片说明：地东村原始丛林
拍摄时间：1956年5月
拍摄地点：墨脱宗地东村

【照片口述】

　　地东村是热带雨林区，广布热带植物数十种，桫椤（桫椤科，热带和亚热带植物）、橡树（壳斗科，落叶或常绿乔木植物）、楠木树（樟科，热带常绿乔木）、樟树（樟科，常绿大乔木）与乌木随处可见。原始丛林中均为热带雨林不落叶常绿树木，树根盘错交叉，树干上长满苔藓，苔藓上又寄生各种苔草。

　　林中野兽、鸟类多得惊人，孟加拉虎、白猴与双角犀鸟、单角犀鸟等十分常见。国家一级保护动物，被称为"喜马拉雅骄子"的长尾灰叶猴，十分受当地群众的喜爱。这种动物不糟蹋庄稼，与人为善，经常在树林和村庄之间自由游逛。墨脱县格当乡、帮辛乡和加热萨乡曾发现我国罕见的孟加拉虎。据1997年估计，大峡谷境内现存的孟加拉虎数量仅有10只左右，亟待采取有力的保护措施。

　　这里还盛产各种菌类，如号称"世界四大菌种"之一的獐子菌，在密林中随手可得。林中兰草达上千种，其中也不乏稀有品种。

　　这里无愧于"植物王国""动物基因库"的美誉。

【背景资料】

　　观赏植物兰科在大峡谷地区特别丰富，如虎头兰、斑叶兜兰等。据专家介绍，仅墨脱地区就有兰科植物53属、163种，是我国兰草资源最丰富的地区之一。潮湿的气候条件和丰富的植物资源也是野生动物赖以生存的基础。大峡谷地区野生动物十分丰富，种类齐全。从南方到北方的典型动物种类都生活在这里。在大峡谷两岸浩瀚的林海中栖息着千种野生动物，有60多种被列为国家保护对象，占全国野生动物保护对象的1/4。其中国家一类保护动物有孟加拉虎、雪豹、金猫、长尾灰叶猴、苏门羚、羚羊、野牦牛、白唇鹿、棕颈犀鸟、灰腹角雉等；国家二类保护动物有猕猴、熊猴、云豹、金钱豹、豺、黑熊、棕熊、小熊猫、大灵猫、小灵猫、猞猁、羚牛、斑羚等。

　　在海拔较低的热带、亚热带丛林中，动物种类十分丰富，并且多是西藏高原上难以见到的，如两栖类的树蛙科动物，爬行动物锡金滑蜥、长肢龙蜥和各种蛇类。这里最常见的蛇类是绿蛇，也有巨大的眼镜王蛇在林中活动。具有极高药用价值的翠蛇是本地特产。这种翠绿色、半尺来长的毒蛇是治疗关节炎的特效药，据说用雌雄两条同时泡酒效果最佳。[1]

---

[1] 耿金如，刁志忠，沈苏，冀文正：《雅鲁藏布大峡谷国土旅游资源》，地质出版社1999年版，第25页。

【照片档案 075】

图片说明：墨脱宗地东村田园风光——"莫邦"水田

拍摄时间：1956 年 5 月

拍摄地点：墨脱宗地东村

【照片口述】

地东，意为"矿藏"之意，海拔 880 米，它位于地东拉山脉山腰的山丘之上，分上下两村。村落附近山坡上全是旱地，高处林中为"刀耕火种"田地。两村的全部水田都在山脚下雅鲁藏布江边的"莫邦"处，这里海拔 640 米，夏天热得地上冒火，蚊虫多得可咬死人。"莫邦"处水田约有 600 亩，仅次于背崩村。

村民通常白昼下山劳作，傍晚回村憩息。这里的村民还是四方有名的歌手，他们劳动时唱，走路时也唱。

森林密布满山冈，田野稻谷皆金黄。

蝉鸣蜂飞的地方，是我可爱的故乡。

我们珞渝好地方，果树成林花果香。

犏牛尾巴粗又长，一年四季收割忙。

【照片档案076】

图片说明：墨脱宗地东村妇女插秧
拍摄时间：1956年5月
拍摄地点：墨脱宗地东村

【照片口述】

地东村盛产水稻，每年早、晚两季。由于土质好，土地平坦，储水性能强，水稻品种优良，加上当地群众说的"山水有营养"（意指水稻田中灌溉用水水质优良，富含多种矿物质），再经农民精耕细作，亩产都有700多斤，村民超过二分之一的口粮均为大米。

地东村的稻谷品种属长粒，耐嚼，口感好，似糯米，据说是从尼泊尔引种而来。图为门巴族妇女格桑曲珍（时年33岁）在插秧。她插秧时也在歌唱，歌唱劳动的辛苦，农奴制下农奴的悲伤。

生在高山的牝鹿，冬季雪里要受冻，虽有草吃心悲痛。
生在湖里的鱼儿，湖水结冰要受冻，身栖湖里心悲痛。
生在佛地的农奴，常挨主人鞭子毒，虽保性命心里苦。

【照片档案077】

图片说明：村民拔除田中的杂草

拍摄时间：1956年7月

拍摄地点：墨脱宗地东村

【照片口述】

  地东村夏季气候炎热，庄稼生长快，杂草生长也不慢。尽管水稻是插秧，但田中杂草多得惊人，这可能是杂草提前成熟，落籽于地，来年生芽成长，与水稻争肥、争水的缘故吧。因此，拔除杂草，成了保障丰收的重要条件。

  田地清除杂草是个细活，杂草长得和稻秧相似，一般不易分辨，这项工作一般也由有经验者参加。

  据老农讲，这种杂草占水稻田的5%左右，是阻碍水稻增产的主要祸害。但同时，杂草又是好饲料，可背回家喂养牲畜。当然，水稻田中还有害虫，农民要在禾苗抽穗和灌浆时撒草木灰灭虫。

【照片档案 078】

图片说明：墨脱宗地东村农民收获稻谷后用脚脱粒

拍摄时间：1956 年 9 月

拍摄地点：墨脱宗地东村

【照片口述】

　　珞巴族和门巴族脱粒别具特色，水旱稻有用脚踩的，鸡爪谷也有用脚踩的，玉米用手脱粒。脱粒简易，连工具都没有，别说机器了。

　　一般脱谷粒时，在稻田里并排铺上几张大藤席（2～4 张），最大约 20 平方米，割下的谷穗倒在藤席上，2 至 4 名壮年男子，一人手持一根长木棒，作为支撑物，然后大家手牵手排成一行，均赤脚，互相交错踩踏。脱完粒后，用簸箕清除杂质，谷物入库。

　　后来在解放军的指导下，人们学会了甩打脱粒的办法，提高了效率。但"脚踩"的方法，因其方便传统，仍在广泛使用。

【照片档案079】

图片说明：墨脱宗地东村村民收获稻谷后用脚来脱粒

拍摄时间：1956年9月

拍摄地点：墨脱宗地东村

【照片口述】

  地东村门巴族农民尼夏有大面积水稻田，同村村民互帮"换工"收割完毕，尚剩一小块约1.5亩的稻田，只好自己收割、脱粒。图中尼夏将割下的谷穗倒入藤席中，中间及右者（手持木棒）负责脚踩脱粒。

  在当地，当第一筐稻谷入库时，主人会用烈性白酒来招待送粮人，同时，也要向"粮神"敬献（洒在地上）白酒，感谢"粮神"恩赐的丰收，并求来年继续五谷丰登。

【照片档案080】

图片说明：墨脱宗地东村门巴族"米米朱巴"夫妇收获稻谷后用脚脱粒

拍摄时间：1956年9月

拍摄地点：墨脱宗地东村

【照片口述】

　　门巴族"米米朱巴"（男）和朱巴阿比（女）夫妇在用脚踩稻谷脱粒。

　　门巴族、珞巴族宗教祭礼习俗及其文化形态原始而古朴，多神崇拜与万物有灵观盛行。脱粒时，劳作者要反复检查谷穗，防止踩死蜘蛛。在门巴族人看来，蜘蛛是吉祥的动物，越多越吉利，其中，尤以白蜘蛛为甚。

　　"米米朱巴"老人（米米为敬语），比我长18岁，时年我23岁，他41岁。他除喊我"米米老冀"外，还不时亲切地喊"果达"（意男娃）。我俩亲如一家，吃喝不分，彼此说话也不拘束。

　　据他讲，他爷爷是从朱隅（不丹）一个叫什么岗（年代久远，记不清了）的地方迁来此地定居。他还是个"仲肯"（故事家），长期给我提供了大量的珞巴族、门巴族的民间文化资料。

　　朱巴老人德高望重，在群众中威信很高。

【照片档案 081】

图片说明：墨脱宗地东村门巴族妇女给棉花脱籽

拍摄时间：1956 年 5 月

拍摄地点：墨脱宗地东村

【照片口述】

门巴族棉花脱籽方法和四川省民间脱籽方法一样，全是手工的土办法，尽管效率低，但脱籽质量高，脱得干净，棉籽上也不残留棉丝，压不碎棉籽。

脱下的棉花软绵绵的，马上可用来纺线。

墨脱盛产棉花，家家户户都种有不同面积的棉田，除自给自足外，还可出售一部分棉布。一庹土布换 20 升大米或 30 升玉米，或一庹氆氇。

这里棉花亩产约 80 公斤，但棉丝长、结实，深受农民喜爱。

【照片档案 082】

图片说明：墨脱宗地东村门巴族姑娘用当地生产的棉花纺线

拍摄时间：1956 年 5 月

拍摄地点：墨脱宗地东村

【照片口述】

这是地东村的门巴族姑娘仁珍（时年 24 岁）在纺线。

墨脱长期以自给自足的经济形态为主。凡人们吃的、用的与穿的，基本上都自力更生。这里盛产棉花，织出的土布不仅满足了自身的需求，还部分外销。

一般一尺长的土布（约宽 30 厘米）可换回 15 升大米、20 升鸡爪谷或 30 升玉米。若送至工布和波密，可换回 200 个核桃、20 串奶渣或半尺氆氇、2 市斤（1 市斤 = 500 克）酥油。

我们工作组进驻后，经干部教授，农民对棉花进行打枝，留够棉桃，因此提高了纺线的产量和质量。

墨脱纺线方法和内地一模一样，一架木质纺车，除一根锭子是铁的，其余工具全是木质的。虽然方法比较古老，但还是解决了群众的穿衣问题。

【照片档案083】

图片说明：墨脱宗地东村门巴族妇女朱巴阿比纺线
拍摄时间：1956年5月
拍摄地点：墨脱宗地东村

【照片口述】

　　这位门巴族妇女门巴语名字叫"朱巴阿比"，也有人称其为"索郎拉姆"（藏语），但后一个姓名叫的人并不多。她丈夫的姓名门巴语为"米米朱巴"，原祖籍在朱隅（不丹境内），据自我介绍，他迁来墨脱已有8代了。

　　门巴族和珞巴族妇女纺棉织布及给棉花脱粒的程序和方法，和内地汉族相仿。据当地人传说，这是大哥（汉族）的"奶奶"（文成公主）入藏时带来的。

【照片档案084】

图片说明：墨脱宗地东村门巴族妇女朱巴阿比纺线

拍摄时间：1956年5月

拍摄地点：墨脱宗地东村

【照片口述】

纺棉织布是门巴族妇女的强项，差不多人人都会，个个都懂，不少人还称得上是能手呢。

这个细致活路，来不得半点马虎。从棉花脱粒、纺线到织布，环环相扣，得一丝不苟才行。若其中一个环节出了错，将严重影响质量。故妇女们在操作时都十分细心、认真，因此质量低下的并不多。一般布的质量，手感平滑，没有脱线和线线重叠的现象。

能否织好布，也是村人评价一位妇女是否贤惠的标准。

达木村

　　达木村位于金珠曲、嘎隆河和雅鲁藏布江汇合处，海拔1200米。该村为达木珞巴民族乡乡政府驻地。达木珞巴民族乡是西藏三个珞巴民族乡之一，一直是珞巴族的栖息地，据调查，村民在此世居历史可追溯至20多代前。

　　达木珞巴民族乡下辖达木村、卡布村、珠村、贡日村等。2007年，全乡珞巴族495人、门巴族283人，其他民族40人。达木珞巴民族乡属准热带和亚热带气候，主要农作物有稻谷、玉米、鸡爪谷等，盛产香蕉、柠檬等热带水果，以及瓜果、豆类和蔬菜，特色产品有野花椒、野木耳、野生蕨菜。2007年，全乡农作物播种面积1720.08亩，农作物总产量114.41万斤。

　　该村位于交通要道，有三条路通向周边，其中卡布村是个路口，易守难攻。20世纪30年代，曾有英国、德国等国探险家抵达此地，他们拍照并绘制地图，采集各种动植物标本，肆意搜集我国边陲的各种情报。

　　珞巴族人民英勇善战，为维护国家领土主权完整和统一，长期和外国侵略者进行斗争，他们也为保卫和建设边疆立下了新功。同时，他们又保护和传承着灿烂的珞巴族民族民间文化，为中华文化增光添彩。

　　珞巴族善良诚实，勤劳智慧。与人交往，说一不二，表里如一。村落家家四季大门常开，被誉为"不上锁的民族"。

【照片档案 085】

图片说明：远眺达木村

拍摄时间：1988 年 8 月

拍摄地点：墨脱县达木珞巴民族乡达木村

【照片口述】

讲述人：纳龙，男，珞巴族

采录时间：1997 年 8 月

采录地点：墨脱县达木珞巴民族乡卡布村

翻译、整理：冀文正

流传地区：墨脱县达木珞巴民族乡、甘登乡、加热萨乡、帮辛乡

  达木村的珞巴族由 3 个氏族组成，但语言、习俗都一样，区别仅在于各自传说为某某氏族之后。3 个氏族历代和睦相处。

  墨脱珞巴族的来历没有文字记载，仅凭传说而推。其中一则有名的传说为：

  从前，阳色、嘎嘎和休德三兄弟住在波堆（今波密县）中部的一个山村里。

  一天，三兄弟围观铁匠打制农具，薄薄的铁片被铁锤砸得上下跳动，突然，在铁砧下面露出一张纸条。村里识字的人只有旺扎，他照着纸条念道："你们兄弟仨要搬到波堆的南方去居住。"

  三兄弟认为这是神的旨意，就一人背着一筐食物和衣服向南方进发。

到南方，必须要翻过嘎瓦龙拉日山，但山上的青冈树挡住了去路，他们只好原路折返。

三人在旅途中朝南方射箭，大哥的箭落在安池拉（今墨脱县达木珞巴民族乡珠村），箭杆落地后长成一丛翠竹，至今这里的山上翠竹漫山遍野，后来这里成了波觉氏族的居住地。二哥的箭落在卡布（今墨脱县达木珞巴民族乡乡政府所在地），至今村头巨石上还有箭头落下的深坑，这里后来成为嘎吾氏族的居住地。三弟的箭落在洛果村（今甘登乡），这里后来成为休巴氏族的居住地。

射箭后，他们继续前行，绕过透不过气的青冈林之后，前面一个牛奶湖挡住了去路，无路可绕，大哥、二哥都跳了过去，小弟最后跳，一不小心，一条腿和一条胳膊上沾上了许多牛奶，所以，休巴氏族的人皮肤特别白。

兄弟三人后来各自在自己落箭的地方筑房、狩猎，相互关照，互通有无，繁衍生息，一代一代延续至今。

后来，雅西氏族从南方的东贡迁来，米日氏族也从别处迁来……许多氏族居住在雅鲁藏布江下游及支流流域，统称为珞巴族。各氏族习俗大同小异，有统一的语言，世代和睦相处，极少械斗。

【照片档案086】

图片说明：达木村
拍摄时间：1988年8月
拍摄地点：达木珞巴民族乡达木村

【口头传统】（珞巴族民间传说）

米日珞巴的来历

讲述人：吉如，男，珞巴族；平措，男，珞巴族
采录时间：1997年2月
采录地点：墨脱县达木珞巴民族乡达木村
翻译、整理：冀文正
流传地区：墨脱县达木珞巴民族乡、墨脱乡、甘登乡

珞巴族自古以狩猎为生，兼农耕。

一天，珞扎和达仁两个猎人牵了二十只猎狗进入林中狩猎。猎狗围住一棵大树狂吠不止，时而扑上去，时而退缩回来。猎人上前察看，发现有一个半间房子那么大的树洞。珞扎说："咱们射箭吧。"达仁说："看看动静再说。"

不久，从洞中蹿出一头母野猪，直奔茫茫林海而去。珞扎钻入洞中，看见一堆干草上躺着一个还不会走路的小孩。他抱起小孩，说："这是一个野孩子，他长大后说不定会吃人，干脆把他杀了。"达仁说："是鬼也好，是神也罢，反正我没有孩子，我收留他吧。"

达仁的妻子亚姆是个善良贤惠的妇女，她给捡来的孩子喂动物乳汁，喂鸡蛋，喂鸡爪谷甜酒。孩子慢慢长大，到十二岁时就能跟随大人上山狩猎，而且他的弓箭百发百中，猎获了很多野兽，都平均分给了村民。到他十八岁时，聪明过人，占卜技术非凡，深受大家的尊敬。

他成婚后在米日安家立业，后来这里发展成为米日大氏族。

代代米日珞巴都说，他们的祖先是野猪，视野猪为他们的图腾，从不猎获野猪，每年还举行不少祭祀野猪的活动。

【口头传统】（珞巴族民间传说）

珞巴族人为什么没有文字

讲述人：安布，男，珞巴族
采录时间：1955年8月
采录地点：墨脱宗卡布村
翻译、整理：冀文正
流传地区：今墨脱县达木珞巴民族乡、墨脱乡

　　祖辈们讲，从前，汉族、藏族、门巴族、珞巴族和僜人是五兄弟，他们都有文字。珞巴族起初住在北边，后来，人越来越多，野兽越来越少，野果等也越来越少，他们时常饿肚，为争食吵闹不休，还打过架呢。

　　为了生存，珞巴族人合计南迁，大家都表示赞同。他们决定分批迁徙，年轻人先走。走前，珞巴族的祖先达尼将写有珞文的一张羚牛皮递给儿子尼西，再三交代说："珞文就这么一张，要保管好，到目的地后贴在墙上，教孩子们学习，别叫鼠吃了，虫蛀了。"

　　尼西和一大群珞巴族人翻过二十座大山，蹚过二十条大河，跨过二十道垮沟，钻过二十片森林，踩蚂蟥，斩毒蛇，经过许多个二十天，终于来到溪流众多的地方，但他们的粮食吃完了，这里又野果奇缺，人们食不果腹，个个面黄肌瘦，瘦如干柴。无奈，尼西只好把羚牛皮煮熟了分给大家吃，从此，珞巴族人再也没有了文字。

【口头传统】（珞巴族民间传说）

火种的来历

讲述人：安布，男，珞巴族；牛布，男，珞巴族；嘎顷，男，珞巴族
采录时间：1955年2月
采录地点：墨脱宗卡布村
翻译、整理：冀文正
流传地区：今墨脱县达木珞巴民族乡、甘登乡

从前，人和动物一样，吃生肉，喝生水，这是因为那时没有火。

有一年夏天，暴雨成灾，山体滑坡，泥石流频繁。一天，南迦巴瓦峰山洪暴发，房子大的石头一块接一块地从山坡上滚了下来。巨石相互撞击，迸出火星，燃着了森林，烧死了不少林中的野兽。珞巴族人的祖先捡来烧死的兽肉，觉得熟肉比生肉味道好，于是就采集火种，从此有了火。受击石产生火的启示，后来人们发明了火镰和火石，生火方便多了，结束了吃生肉的历史。

【照片档案087】

图片说明：墨脱宗所属的达木村珞巴族备草度荒

拍摄时间：1955年11月

拍摄地点：墨脱宗达木村

【照片口述】

珞巴族以农耕为主，兼务牧业和狩猎。

珞巴族相当重视牧业的发展，秋天储备青草饲料是一个有效保证牲畜安全过冬的措施。

珞巴族的肉食一靠打猎，二靠牧业。对于牲畜，从选种到喂养，珞巴族人都很用心。但牧业谈不上收入，因以前深受封建农奴制压迫，牧业也不发达，靠打猎，农家的肉类食材才有了一些保障。有一首民歌揭露了封建农奴制的黑暗：

珞渝这个地方层层密林，人靠猎羚牛和野猪生存。

兽皮要缴公，肉要上税，剩下来的全是骨头杂碎。

【照片档案 088】

图片说明：墨脱宗所属的达木村珞巴族村民收割鸡爪谷

拍摄时间：1956 年 7 月

拍摄地点：墨脱宗达木村

【照片口述】

　　珞巴族以农业为主，当地人对于狩猎寄托了很大希望。因为肉食主要靠它。但归根究底，农业为大，珞巴族谚语说："夏天误工一天，冬季断粮一月。"他们对于农事节点，如播种、收割等都严格掌握，从不误农时。

【照片档案089】

图片说明：地处半山腰的墨脱县达木珞巴民族乡达木村
拍摄时间：1996年10月
拍摄地点：墨脱县达木村

【照片口述】

达木村的建筑几乎都是吊脚楼，这种民居很有特色，也是适合当地特殊气候与地质条件的聪明选择。

众所周知，喜马拉雅山区地震频发，几乎月月都有中小地震。1897年的阿萨姆地震，震中最大烈度12度。震中地区在震后交通断绝。墨脱县城位于烈度10度区内，察隅县城位于烈度11度区内。极震区内房屋全部倒平，山川移易，地形改变，多处山峰崩塌堵塞雅鲁藏布江，山体滑坡将5处村落推入江中。1950年8月15日，西藏墨脱又发生了里氏8.5级地震，毕波等3个小村庄被推入江中，但震区吊脚楼因结构轻巧，却没受多大影响。

竹制吊脚楼通风良好，利于盛夏散热。更重要的是，当地盛产各种竹类，竹子品种达几十种，尤以楠竹居多，故珞巴族人因地制宜，就地取材，建筑材料多为竹制。

吊脚楼以竹、木为原料，全部建设物中见不到铁钉之类的任何铁器，可谓别致而巧工。楼分三层：底层关牲畜，中层住人，最上层堆放杂物。一栋吊脚楼可供家中两代人共同居住。

【照片档案090】

图片说明：达木村一角
拍摄时间：1996年10月
拍摄地点：墨脱县达木村

【照片口述】

达木村家家户户都有一间约20平方米的"根松"（仓库）。

"根松"距地面两米左右，由6根木（或竹）柱支撑，柱顶端另置有50厘米的圆盘，防止老鼠蹿入。

"根松"内有8个小房间，可供放置8个品种的粮食。仓中必有一个竹筐或土罐，珞巴语称为"央崩"，这是"护仓神"。每年新粮一收获，"护仓神"就要换一次。

【口述文献】

卡布安家

口述、整理：冀文正

今天的卡布村已成为达木珞巴民族乡下辖的一个行政村，以下的回忆记录了20世纪50年代我最早进入卡布，并在当地"安家"的过程。

卡布位于金珠藏布河与雅鲁藏布江交汇处，坐落在雅鲁藏布江第三个大拐弯的开阔台地上，江面海拔700米，村庄却高出江面600米，这个方圆约2平方千米的小平坝上，整齐地排列着块块农田，十余幢小竹楼隐藏在阔叶树和绿竹之中。站在村头远眺南方，大江从西奔腾到脚下后调头向大西南倾泻，江面浓雾向下游飘浮，高空暖流牵来雾带向雪域高原流去。盘踞在非法的"麦克马洪线"上印军哨所的炊烟清晰可见。海拔7782米的冰山之父——南迦巴瓦峰安详地躺在西边，身后是群峰叠嶂的喜马拉雅山脉。台地土质肥沃，尽是火山沉积物，万物皆长，四季翠绿，枝繁叶茂，好一派南国风光。

卡布对我是陌生的，我对卡布也是陌生的。从古至今，没有哪一个汉族人进过卡布村。20世纪初，赵尔丰率军闯进墨脱，这支以强悍著称的部队却在卡布村西留下了不光彩的一页，他们作恶多端，卡布和珠村珞巴族人用强弩把他们射倒在藤索桥上，十数人无声无息地坠入金珠河。这里地势险要，从江边到村头尽是好似用利剑砍下的峭壁，别说人，就连那擅长攀爬悬崖的岩羊也只能望而却步。这里是通往印占区的必经之路，我们来此工作具有战略意义。

俗话说"头三脚难踢"。我们一定要踢好这头三脚，和珞巴族同胞搞好关系。我们抵村的当晚，为了不打扰群众，在大树下铺上树枝，继续过着野炊的生活，蜷身而卧，借以消除9天跋涉的疲劳。对于我们的举动，珞巴族人既惊喜又戒备,躲在远处观察我们,哪怕是微小的活动也不放过。当他们探明我们二人并不侵害他们的利益时,便从隐蔽处走来,好像欣赏珍稀动物。我们不会说珞巴话,只能用微笑来表示,手势也发挥了作用,时而用藏语应酬。在这种时候,微笑换来了珞巴族人的热情和理解,微笑成了通融民族感情的纽带,成了促进民族团结的桥梁。

几天后,和我们同行的安布从金珠以物易物返回,他埋怨氏族首领不该这样对待亲人,随即把我俩请进他家,吃住在一块,每餐少不了储存多时的鼠肉干和野牛肉干。在这种环境里我们为了生存,为了密切民族关系,对向来厌恶的鼠肉也大口大口地吃将起来。安布外出多,对我军有所了解,他向村人宣传我们的来意,说:"他俩是毛主席派来的人,来宣传毛主席亲、共产党好。我们的祖国是中华人民共和国,还要赠送铁质农具,救济贫民,教小孩唱歌跳舞,讲革命故事……他们是天下最好的人,是珞巴族人的好朋友。我们要欢迎他们,关心他们,帮助他们,使他们成为'卡布人'。"

我们刚一住下,衣服还没有换洗,便开始挖地种粮种菜,还在珞巴族人称为"鲁欣"(鬼地、麻风地)的地上开垦了八分水田,并及时插上了稻秧。仅仅一个月时间便完成了播种任务。这期间我们还学会了许多珞巴语单词,单词串起来就是一句话,这时想说的话不但能够表达出去,还可收回所要搜集的敌社情和民情风俗等。我们开始走出了"哑巴"世界,视野开阔了,心情多么激动呀,这更加激发了我们学习民族语言的积极性。

在部落和氏族首领的带领下,村里人帮我们盖了一个竹楼,不用一个铁钉,不用一块木板,实属罕见。同龄朋友们从江边捡来白石子,我们在庭院里镶嵌了一个二米见方的"家"字,周围种卜奇花异草,还有珍稀的老虎须和虎头兰花,百花怒放,"家"字显得更加庄重。我们白天种地、看书、写日记、聊天,晚上同珞巴男女青年跳舞、唱歌、讲故事,亲如家人。珞巴族人猎获的兽肉,按照"平均分配"的习俗,也送给我们一份。他们"收养"我们为雅西氏族的成员,我们成了卡布村的第13户村民,这是纯朴的珞巴族人对外族人的一种优待。

【照片档案091】

图片说明：悬在半山腰的墨脱县达木村
拍摄时间：1997年3月
拍摄地点：墨脱县达木村

【照片口述】

达木村全村民居错落有致，虽无街道一说，但也分布合理，条条小道通向每户农家的吊脚楼。距民居不远处（一般20米左右），另建有"根松"。

根据人口多少，每户吊脚楼也有大有小，一般都有8个柱子（二层4间），大的有10来间居室，均留有一间客房，珞巴语名曰"绕遂"，用于迎接客人，也是祭祀神祇的地方。

在珞巴族人的习俗中，"绕遂"也是男女谈情说爱的地方，珞巴族有两首情歌，专门谈及了此习俗：

绕遂呀绕遂，请你闭上眼睛。情人跳窗来时，假装没有看清。

绕遂呀绕遂，请你闭上嘴巴。情人爬窗走时，千万不要声张。

第四章
珞渝的白马岗

在西藏,白马岗(又称"白玛岗",意为"莲花庄严地")是多义词,今墨脱县、巴宜区、亚东县等地都有该地名。其中,珞渝地区的白马岗是其中最有名的,人人梦想到此一游,视为终身乐事。藏传佛教经典里称其为"佛之净土白马岗,隐秘圣地最殊胜"。

昔日珞渝地区的"白马岗",包括墨脱宗、帮辛、甘丹和金珠等地区,即现今的墨脱县所辖区域。关于"白马岗"的由来,流传最广的一则门巴族传说如下。

讲述人:大平措,男,门巴族;达娃,男,门巴族
采录时间:1996年12月
采录地点:墨脱县达木珞巴民族乡卡布村

从前,天底下有个莲花生大师,他不是人,而是神,他不是母亲生的,而是从山南桑耶寺的莲花蕊中诞生的。门巴族人说,动物有四种诞生法:母亲生、蛋里生、地温生和花蕊生。那时,卫藏共有一百零八座寺庙、一百一十八座宫殿。山南桑耶寺有个赞普叫赤松德赞,他修建寺庙需要一块镇妖石,他的占卜结果显示,要雅鲁藏布江下游的加拉山山头,他便派仲仲玛特带领千名百姓将山头砍了下来。他们往回运送山头,途经工布米林的卧龙村,碰到一只乌鸦。它说:"桑耶寺早已建成,不再需要镇妖石了。"特使信以为真,将整个山头扔在附近,这里便形成了一座形似毡帽的大山,赞普命名为"帕果朱东"山,意为"猪头龙面"山。后来赞普知道了此事,命令驱逐所有乌鸦,所以,从那时至今,工布、塔布地区(即今米林、加

查、朗县一带）乌鸦绝了种。

莲花生大师降生后，周游了全世界，他骑着天马，到处寻找圣地，到了这里，命名为"白马岗"。他说："天底下有十六块圣地，这里是最大的一个，下边还有十六块小圣地。"他还说："我从天上俯瞰，白马岗的地貌很像多吉帕姆（金刚亥母）仰卧的姿势。"多吉帕姆的头、项、腰、膝、阴部五个部位都很齐全。她的头部是加拉则东（米林市加拉村对面，海拔7294米，传说山顶被仲仲玛特削掉了），还有一种说法称头部是南迦巴瓦；多吉帕姆的颈部在加热萨地区的甘丹至刀嘎之间，那里有个"扎布朱古"大岩洞，可容纳上百人，赞普命名此洞为"龙曲勒布"（意为"丰衣足食之地"）；多吉帕姆的心脏在拉巴登两岸，是诸神聚会的地方；肚脐中心在仁青崩，是圣地的中心，周围群山环抱，山峰林立，是朝圣避暑之地；多吉帕姆的会阴在更巴拉山以南的仰桑河流域。她的尿形成了仰桑河，这条河是圣河，水是圣水，据说可治百病，外地香客每年来此朝拜取水带回治病；她的膝部叫地东绕东，即今地东村山头上；她的右手在布曲赛格拉康（即今林芝市布曲寺）；左手在波东曲拉康，手持一蝎子；右乳是白马希仁河；左乳是工日嘎布山。雅鲁藏布江是她的大动脉血管，境内的三条大河是她的三条血管。她的衣服笼罩着白马岗大地。衣服下边隐藏着树木、花草、珠宝和形形色色的动物。

莲花生大师还说，从天上往下看，白马岗圣地重峦叠嶂，一山比一山高，沟壑纵横，条条溪水隐藏在两山之间，山岩树洞遍布全境，这是诸神诸鬼栖息之所。所以，莲花生大师给予这里"隐秘的莲花蕊之地"的美名。

"白马岗"也有内外圣地的说法。外圣地是指波密、迫龙和白马根琼。内圣地主要有四个，即工堆颇章、卡崩桂、布达才布和白马希仁。传说中，这些地方既是圣地，又是诸神栖息之所，神门很多，至今通往极乐世界的神门还没有打开，因为找不到开启神门的钥匙。其中：

工堆颇章，位于白马岗东部，海拔稍低于南迦巴瓦，渺无人烟，野牛一群上百头，森林密布，湖泊碧绿，是莲花生大师预言的圣地，是宁玛派高僧岗波巴和堆仲巴发现的。传说莲花生大师的僧帽留在了山顶上，时间久远变成了一间房子般大的圆形白石。大石附近有莲花生大师隐藏的一把开启神门的钥匙。可惜至今没人有这个福气找到它。卡崩桂，在仰桑河和仰嘎河汇合处。布达才布，在南迦巴瓦峰的南端。白马希仁，意为"莲花水晶山"，位于多雄拉山口以南不远处。这几个圣地誉满各地，许多外地的善男信女年年在7—10月间前往朝拜。

传说，莲花生大师骑着天马在白马岗周游了五年，这里处处有大师的足迹。大师还预言说："地下埋藏诸种宝物，总有一天要打开；战争械斗不会来。男女都能成英雄。林木都是神树，流水都是圣水。仰看处处是宝，俯视处处是宝。世界大乱，这里平安。我的心脏和内脏全部隐埋在白马岗，这些东西今后会给白马岗人带来幸福。"莲花生大师同太阳的光辉一道游遍了白马岗的每个角落。

莲花生大师还说过，世上隐秘之地有十六块，最大的是白马岗地区。其他的隐秘之地中，一个是"札日"，一个是"察隅"，一个是"巴玛琼"，一个是"者木顷"，一个是"真琼"（距不丹不远）。这几个都比不上白马岗物产丰富。谚语说："玉米长在山上，肚饿信手可得。"白马岗树多、果多、竹多、药材多；土地又产棕树、山芋、薯类。大师说的"玉米长在崖顶上，糌粑皮口袋埋在地下"，是指可食用的各种代食品在山上、地下处处皆有。后来传为白马岗有"糌粑山、牛奶湖"，这也是误传，但起码说明白马岗物产丰富。白马岗还有许多股甜水、圣水可治百病，至少可治胃病。南迦巴瓦山腰有一股牛奶状的溪水，青海人都来取水，据说可治不育之症。白马岗有一年四季采摘不完的野果、野菜，有取之不尽的中草药。

信众称"工堆颇章"是圣山之父，"布达才布"是圣山之母，其他圣山都是它们的儿子，圣山围着大圣山，保护大圣山。

珞渝地区的白马岗也是墨脱县或珞渝历史上最著名的文化概念。西藏民主改革前，墨脱宗（县）由三部分组成，分属不同寺庙管辖。

约在1860年，昌都地区的类乌齐藏族人大批涌入金珠朝圣，经和卡布珞巴族人协商，珞巴族人舍弃了他们的猎场，经过约20年的迁徙，近千人定居金珠，并建了"格当寺"，至1954年的江求多杰，前后共4任活佛。

墨脱宗白马岗原是波密土王的领地，白马岗人民向波密土王交差纳税，这种状况持续了数百年。1931年，原西藏地方政府讨伐波密土王，波密土王败走后，他的领土归西藏地方政府所有。西藏地方政府便于统治，将此地区划分为三个地区，实行分而治之的政策：

金珠地区（金珠宗）划归波密松宗寺，由该寺进行管理。全区又分兴凯、格当和宁巴三个小区，由寺庙任命一名有权势者任"副宗本"。

帮辛区划归波密倾多寺管理。该区又设旁固、甘登、加热萨三个定本，均由索郎旺扎任"副宗本"。

墨脱宗划归西藏三大寺之一的色拉寺管辖，由该寺洛色林扎仓委派高僧担任墨脱宗宗本。1956年9月墨脱宗办事处成立时，宗本为副主任，行政十五级，有职有权。

【口头传统】（门巴族歌谣）

白马岗的歌谣（门巴族）

在广阔的人世里，
有十六个藏宝地，
白马岗即为其一。
这里有朵朵莲蕊，
这里有墨岩石粒。
在几处隐秘地方，
岩山上留有神印。
生长的树是圣树，
流动的水是甘露。
生的男子是英雄，
生的女儿是丽姝。
世上灾祸降临时，
取出藏品保幸福。
先人曾经预言过：
死后不会进恶土。

【照片档案 092】

图片说明：白马岗工作队员指着墨脱宗墨脱村一棵粗壮的大树。大树约有
四层楼高，当地村民称之为"神树"

拍摄时间：1956年3月

拍摄地点：墨脱宗墨脱村

【照片口述】

　　曾经汗密有一棵枯树倒在路上，阻断了交通。珞巴族人在上面砍出了8个台阶，人才能翻越过去。在这片土地上，几个人才能合抱的大树比比皆是。图中的"神树"年年受到当地村民祭拜。

【口头传统】（白马岗的传说与歌谣）

古榕树

讲述人：普布刀杰，男，门巴族；果亚，男，珞巴族；朱嘎，男，珞巴族；白嘎，男，珞巴族；拉吾次仁，男，门巴族

翻译、整理：冀文正

采录时间：1957年7月

采录地点：墨脱宗墨脱村

流传地区：今墨脱县背崩乡、墨脱镇

在雅鲁藏布江大拐弯处的南迦巴瓦峰山脚下，有一个叫邦英的地方，这里有一棵六个人才能合抱的古榕树，它的气生根有人头那么粗。在离地面大半人高的树干上插着一根手臂粗的石头，传说那是一个贪心者的手臂。

从前，这个村里有两个人，一个是穷人，靠采摘野果度日；另一个人既富裕又贪心，爱占小便宜。

穷人每天一大早进山采集野果、野菜，下午很晚才回家，每天来往都要经过古榕树旁，那是他歇息的地方。一天暴雨如注，他空手回家，在大树下悲伤地哭了很久，眼泪湿透了衣服。突然，他听到有人问他："你哭得这么凄惨，有什么伤心事？"他睁眼一看，原来是古榕树在对自己说话。他说："树爷爷，今天大雨倾盆，我没有采集到食物，老婆和孩子又要挨饿了！"古榕树说："你把手伸到我的肚子里，就会得到吃的。"他将一只胳膊伸进了树洞，拿到一串红红的松耳石。他喜出望外，向古榕树谢了恩，并用额头碰了三下树干。

穷人用红松耳石换回了牛和食物，还换回了衣物和家具。从此，他辛勤耕耘，日子一天天好了起来。村里的那个贪心人看见穷人生活变了样，便来打听情况。穷人是个老实人，把古榕树赠送松耳石的经过详详细细地

告诉了他。

贪心人听了，第二天一大早就上了山，他在山上无所事事地转了一圈后，到古榕树下假惺惺地号啕起来，但一滴眼泪都没有。古榕树开口问道："你有什么难处？哭得这样伤心呀？"他编了假话，古榕树听后说："你把手伸到我的口中会如愿以偿的。"他马上把一只胳膊伸进树洞，拉出了一串串红松耳石，地上堆了一大堆，还不满足，继续往外拉。时间过了好久，古榕树实在支撑不住了，突然闭上了嘴，一下子把他的手咬住了，他拼命地往外拖，结果手臂被拉断了，一只胳膊夹在了树缝里，后来变成了石头。那些红松耳石，也都变成了甜甜的浆果。

【照片档案 093】

图片说明：冀文正同原白马岗工作组队员李朝群（右）在墨脱村合影
拍摄时间：1956 年 3 月
拍摄地点：墨脱宗墨脱村

【照片口述】

  1955 年 4 月 12 日，当时我们珞渝工作队一行 3 人在墨脱县的布顷村。我一人由此村翻山去西贡村。1950 年西藏大地震后，从布顷村通往西贡村的道路严重受损，交通阻断，人们通行困难，西贡村从此成了禁区。我和珞巴族向导普布从海拔 650 米的布顷村出门便开始爬山，山势很陡，简直像一壁陡墙，向导在前爬，我在后面爬，他的脚能碰着我的头。当进入原始森林时，天哪，我们浑身上下布满了蚂蟥，我们来到了一个恐怖的世界：

地上、树叶上、灌木上，几乎都是蚂蟥，我俩陷入了蚂蟥的重重包围之中。花色的蚂蟥有小拇指粗，三四厘米长，吮饱血后有大拇指粗；黑色的稍细些和短些。条条都倒挂在杂草、灌木上，伺机行动。我俩的到来，好似使它们得到了一线希望，它们的嘴紧紧粘在叶子上，身体吊挂着，像打秋千似的摇晃得很厉害，虎视眈眈，寻找时机，一触即发，爬到你身上吸血。有几次，我还在头上、脖子里摸到几条，那是我们在地上走动的脚步声或说话声惊动了它们，它们于是从树上掉了下来。因此，我们十分小心地爬着山，不说话，甚至连出气都很注意，生怕发出声来。后来，我俩在原始森林里一块 10 尺见方的大石头上休息，仔细地捉拿害人虫。普布告诉我，他捉了 42 条，被咬了 17 个窟窿；我也逮了 39 条，身上留下了 14 个窟窿。其中，脚背一处有大拇指那么大的地方有四个伤口。

当时雨下个不停，我浑身湿漉漉的，好像是刚从水里捞出来似的，虽然墨脱是亚热带气候，但在阴暗潮湿的原始森林里，我仍冻得发抖，好像患了疟疾似的。身上被蚂蟥咬伤后流淌出来的血液浸透在褪了色的黄军衣上，紫一块、黑一块的，血迹斑斑，惨不忍睹。

【背景资料】

李朝群，汉族，河南郑州人。1948 年参加中国人民解放军，1950 年进藏，1955 年调入墨脱工作。他懂藏语，识藏文，系藏文老师。他热爱祖国的边疆，长期建设边疆，信念坚定，在西藏工作了 30 余年。译著《格萨尔》三部，著回忆录两部。

第五章
物　产

墨脱地理位置优越，气候宜人，物产十分丰富。多样性的自然地理环境为动植物的生长、繁衍提供了优越的条件。这里野生动植物种类繁多，是我国动植物资源的宝库。

珞渝地区在海拔3800米以上的山地，属高山寒带，主要植被是高山灌木和草甸。海拔2400～3800米的范围内，为高山温带，遍布铁杉、云杉和冷杉。海拔800～2400米的高山峡谷区，属山地亚热带气候。森林以常绿阔叶林为主，上部有少量的针叶林，其中尤以樟、桂、栲、楠等用材林最为珍贵。此外，还有茂密的竹林。海拔800米以下为准热带气候。河谷两侧森林蔽日，藤蔓交织，到处是高达30～40米的参天大树。其中有猴欢树和多种榕树。同时还有各种野生油用植物。墨脱县处于雅鲁藏布大峡谷中，处于原始森林中，全县3万平方千米土地中宜林面积占80%以上，处处是密布的热带雨林。原始森林中五六个人抱不住的大树比比皆是，树洞可住下五六个人，树洞也是野兽居住的地方。

当地的动物资源也很丰富。除了家中饲养的大额牛、黄牛、猪、鸡、羊外，在茂密的森林中栖息着多种野生动物。

由于珞巴族人民善于经营农业，农作物品种也很丰富，有水稻、旱稻、玉米、鸡爪谷、大豆、绿豆、四季豆、马铃薯、芝麻、甘蔗及各种菜蔬。他们种植的香蕉、菠萝和柑橘等多种亚热带水果弥补了西藏高原水果种类不足的情况。

心灵手巧的门巴族与珞巴族人民还制作出不少精美的手工艺产品，如当地的石锅、藤、竹、木工艺品很受西藏其他地区人民的喜爱。这也是珞巴族和门巴族的主要副业。

【照片档案094】

图片说明：墨脱宗的水稻穗

拍摄时间：1955年10月

拍摄地点：墨脱宗背崩村

【照片口述】

　　墨脱宗的生产力极其低下，生产技术十分原始，这是当地算上等的水稻穗。一般一株分8～12个权，每权结籽80～120粒，亩产约500公斤。这已算高产作物了。

　　图中是农民在稻田中挑选的优良品种。在同等条件下，有的植株分蘖多，穗头大，籽实饱满，说明它优于其他植株，是良种。

【照片档案095】

图片说明：墨脱县墨脱村村民收割鸡爪谷

拍摄时间：1996年10月

拍摄地点：墨脱县墨脱村

【照片口述】

　　墨脱县位于喜马拉雅山南麓，地处雅鲁藏布大峡谷下游，平均海拔不足千米，属亚热带气候，年降雨量达4000毫米以上，盛产水稻、玉米、鸡爪谷及香蕉等。

【照片档案096】

图片说明：墨脱县墨脱村村民收割鸡爪谷
拍摄时间：1996年10月
拍摄地点：墨脱县墨脱村

【照片口述】

　　收割稻谷和鸡爪谷均采用割穗头的方法，便于背运和储藏。

【照片档案097】

图片说明：芝麻开花节节高
拍摄时间：1955年9月
拍摄地点：墨脱宗墨脱村

【照片口述】

　　墨脱盛产芝麻，芝麻是食用油的主要原料。因此，从整地、播种、松土、拔草到浇水，农民都十分认真，芝麻的产量也较高，一般亩产100公斤左右。

　　这里榨油的方法和内地农村相似，先炒熟芝麻，再舂碎，放入竹篓中，由一个木桩压榨。出油量为30%左右。余下的油渣还是做菜的佐料。

【照片档案098】

图片说明：墨脱县群众饲养的犏牛
拍摄时间：1991年8月
拍摄地点：墨脱县

【照片口述】

　　犏牛（"巴麦"）是牦牛与黄牛杂交的一代种。分为犏牛（公）和犏乳牛（母），具有明显杂交优势，肉、乳生产能力，役用能力接近于牦牛。其外貌介于双亲之间，躯体高大，整体结构匀称，公牛多有角。皮毛短，绒毛较少，毛色多倾向父系，适应高海拔、低气压、冷季长的生态，也能适应海拔较低和气温较高的地区。墨脱县犏牛居多，它个大体肥，肉多脂肪厚，产奶量高，深受爱护。据说，这种叫"巴麦"的犏牛是湖中的水牛同当地黄牛交配而生的后代。

　　"巴麦"体大，一头约有300斤，产奶多且油质好。深受群众喜爱。一头墨脱"巴麦"有工布地区两头黄牛的重量。

【照片档案 099】

  图片说明：墨脱的茶树
  拍摄时间：1962 年 7 月
  拍摄地点：墨脱县哈井村

【照片口述】

  据初步调查，墨脱有 16 种茶树，所产茶叶茶碱含量高，口感好。

【背景资料】

  原生态的墨脱茶树置身于云雾缭绕的墨脱原始森林之中，无农残、无化肥、无污染。茶树终年得到雪山融水与天然山泉的灌溉，叶质柔软，叶色翠绿，叶肉饱满，营养丰富，香气持久，滑口生津。

  据悉，自 2013 年墨脱县正式通公路以来，当地开始大规模发展茶产业，墨脱县在墨脱镇、背崩乡、德兴乡、达木乡、格当乡等乡镇建成大小不一的标准高山有机茶园 13 个，种植面积累计达 4293 亩。

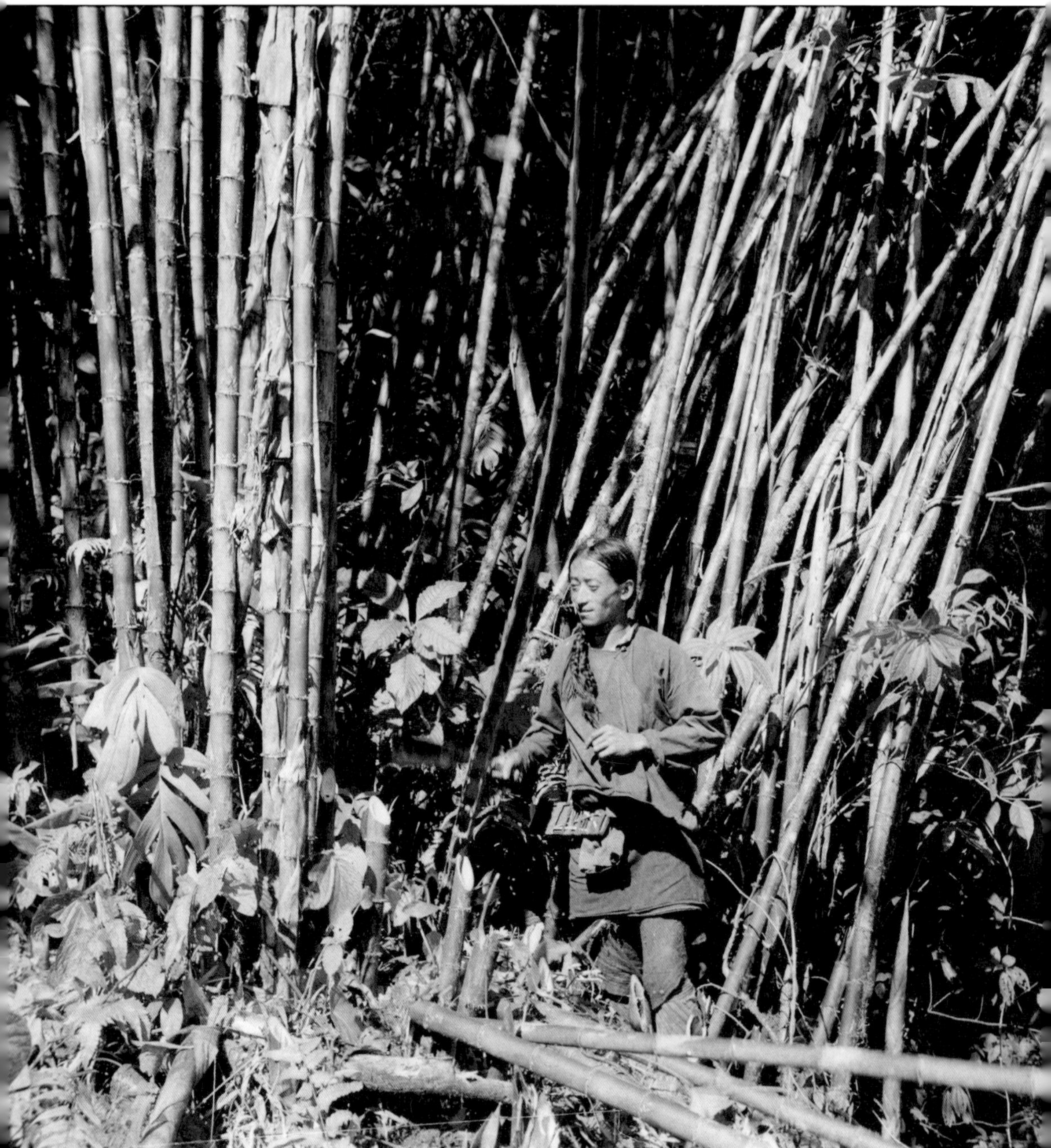

【照片档案100】

图片说明：墨脱宗墨脱村村民砍竹子，用于编织竹制用品

拍摄时间：1956年3月

拍摄地点：墨脱宗墨脱村

【照片口述】

墨脱宗各地各村均生长着数个品种的竹子，形形色色，五花八门，有高的，达10米左右；有低的，仅1～2米；有粗的，直径可达30～35厘米，是建房筑屋的好材料；也有细的，直径仅8厘米左右；还有毒竹（"达帕"），是猎获野兽的主要武器，一般采用深坑倒栽"达帕"的方式，一旦野兽落入坑内，便结束了它的生命。

珞巴族人修建吊脚楼用的全部是竹子和木材（门、窗），不用一个铁钉，实属罕见。

【背景资料】

珞渝地区盛产各类竹子，当地人民凭着他们的智慧，造了种类繁多的竹器，以满足生产和生活的需要。这些竹制工具种类多、用途广，如狩猎用的各类弓箭、弩和地箭；农业用的除草工具；捕鱼用的各类鱼笼；生活用的各类器具；饲养用的各种鸡笼等，不胜枚举。以生活用具为例：他们的住房是干栏式的竹木结构，房顶的草是用竹篾固定的，房屋的四壁和楼上的地板是用劈开的竹片编成的，室内的各类容器如盛水和酒的大小竹筒，各类背筐，装粮食用的巨大囤箩，加工粮食用的簸箕、筛子等均用竹子制成，另外还有颇具特色的、过去曾普遍使用的盛饭的容器"旁波"和缝纫用的竹针、竹线等。

【照片档案101】

【照片档案102】

图片说明：门巴族竹编的"鲁玛"，也是珞巴族、门巴族主要手工产品，
　　　　　可用于装饭、杂物
拍摄时间：1996年2月
拍摄地点：成都冀文正寓所

【照片档案 103】

【照片档案 104】

图片说明：门巴族竹编的"帮琼"，可装饭、化妆品、针线等
拍摄时间：1996年2月
拍摄地点：成都冀文正寓所

【背景资料】

珞巴族、门巴族竹（藤）制生活用具

翻译、整理：冀文正

  清朝刘赞廷曾这样评价墨脱："森林弥漫数千里，花木遍山，藤萝为桥，诚为世外桃源。"墨脱不仅气候宜人，风光迷人，勤劳智慧的门巴族、珞巴族人民还因地制宜，积极利用当地丰富的自然资源，制作各种生产与生活用具，以改善生活条件。其中，珞巴族、门巴族用竹（藤）制作的生活用具，不仅种类繁多，而且运用于人们生活的方方面面。

  以珞巴族为例，其竹（藤）制生活用具主要有：

  "阿木宾杜旁"，装米用容器，其形制有一藤制把手和用竹子做成的盖子；

  "阿木宾台卡"，量米器具，其形制似"阿木宾杜旁"，但无盖；

  "卡克苏尔"，装水酒具，其形制与"阿木宾杜旁"相同；

  "阿西杜普"，取、储水具，为一节长竹筒；

  "阿普帕塔"，过滤玉米酒容器，其敞口有一个藤圈，底部有一个小洞；

  "纳朗"，背运稻谷的筐子，底部呈四方形，有四条边棱，到了上端敞口处渐渐变成圆形，上宽下窄，上有两条背带；

  "基若"，背运木柴和盛水竹筒的背篓，底部比上端的开口处狭小，其上半部一侧上下裂开，捆上藤条，可以根据物品的多少将背篓缩小或扩大；

  "巴日"，储存稻谷的用具，呈圆柱形的竹编；

  "阿蓬倍若普"，储存发酵玉米的竹筐，有一圆底盘，筐呈圆柱形，内壁垫一层叫作"托阿"的棕榈叶子；

"阿都木",存放衣物的筐子,藤条编成,呈四方形,口为圆形,上有圆形盖子;

"塔利",男子使用的干粮袋,呈长方形,分两层,外层比内层略长,外面用树皮覆盖,借以防水;

"沙卡普",妇女使用的干粮盒,用一条带子挂在肩上。

厨房用具中,笸箩、簸箕、筛子也均为竹制。

以门巴族为例,其竹(藤)制生活用具主要有:

"帮琼",盛放食物等的器具,为藤竹混编的扁圆形竹盒;

"索贡",盛放食物等的器具,藤竹混编的方形体,有大有小;

"甲桶",藤竹混编的打茶桶;

"桑巴木筷",藤制的筷子;

"背篓",背运物品的椭圆形竹筐;

"休差巴囊",盛酒的容器,分内外两层,内为竹节,一般走亲访友时携带;

"当觉",狩猎时带的藤制小包,用于装食物;

"巴珠巴戎",出门时带的藤制小包,装贵重物品;

"巴戎",背运物品的大藤筐;

"戎地",藤制皮带。

厨房用具中的竹瓢、竹勺等,生活用具中的竹席,也均为竹制。

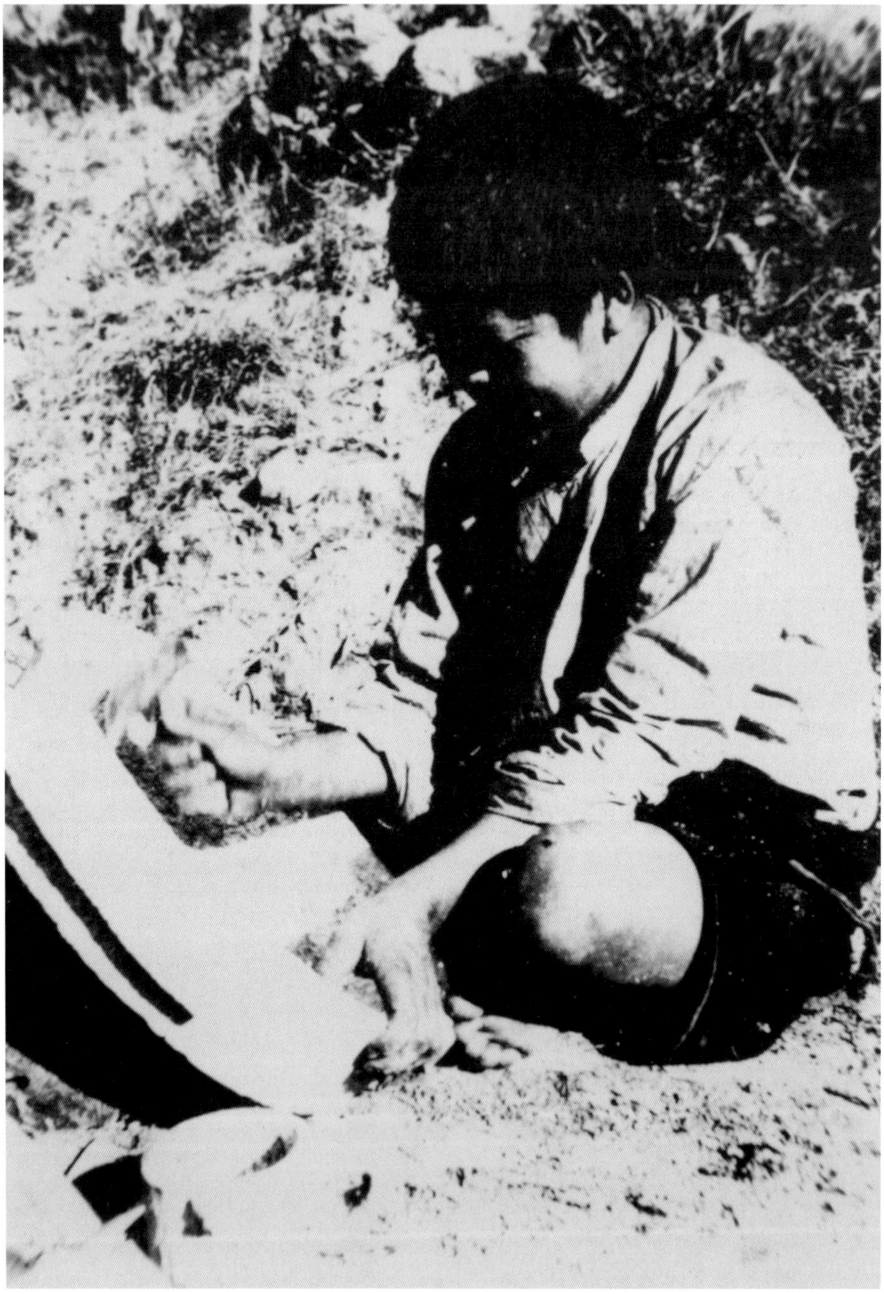

【照片档案 105】

图片说明：墨脱宗达顷顿村珞巴族人制作石锅

拍摄时间：1956 年 5 月

拍摄地点：墨脱宗达顷顿村

【照片口述】

　　门巴族和珞巴族的灶具主要是石锅，做饭烧菜用石锅，蒸馏白酒用石锅，煮猪食用石锅。可以说，石锅成了这两个民族的当家灶具了。同时，它还是上乘的馈赠品。珞巴族人利用皂石精制各种大小的石锅也深受区内外人民的喜爱，尤受工布、波密等地藏族同胞的喜爱。

【背景资料】

　　关于墨脱石锅的记录，较早见于宣统二年（1910）五月二十四日《程凤翔禀本营有勇能取漆和造纸》一文中记：

　　再，桑昂西北七站地方名籤规，波密属，有一种石质不甚坚、乡人凿以为锅，其象类鼎，用以炖肉，煮海菜，较铜铁等锅味较浓。沐恩于二月初间即饬夷民赴买。因其时雪厚，路径不通，石工亦阻于雪而不能凿。故至今始买来十八锅。即派专差赍送三锅，上呈宪辕，以备土产之一端。[1]

　　墨脱石锅原料为天然皂石，皂石是一种变质岩，基本由滑石构成，含有多种矿物质，包括云母、亚氯酸盐、辉石、闪石、石英、方解石和氧化铁。颜色从白色到绿灰和墨绿不等，质地绵软。墨脱石锅以灰褐色为主色调，形状为桶形，厚 2 ~ 3 厘米，规格大小不等，大锅直径 30 厘米左右，中等的直径 20 厘米左右，小的直径 10 厘米左右，锅底有平底和弧形两类。石锅一般为圆形，壁薄底厚，上窄下粗。锅口两端都有同为一体凿出的两个锅耳，造型古朴典雅。帮辛乡是大峡谷内著名的石锅之乡。

---

[1] 西藏自治区社会科学院、四川省社会科学院合编：《近代康藏重大事件史料选编 第二编》（下），西藏古籍出版社 2004 年版，第 331 页。原文见刘赞廷：《察隅县图志》。

【口头传统】（门巴族民间传说）

石锅的由来

讲述人：米米久美，男，门巴族；尼玛顿珠，男，门巴族
翻译、整理：冀文正
采录时间：1956年6月
采录地点：墨脱宗德兴乡荷扎村
流传地区：今墨脱县德兴乡、墨脱乡、背崩乡

　　远古时代，珞渝地区是个大平原。早晨太阳从地下慢慢地钻了出来，晚上它又慢悠悠地钻入地下。那时天上和地下都有很多宝，珍禽异兽，水草丰茂，五谷丰登，可以吃的野果很多。可是，奴隶主贪婪而残忍，人民生活十分困苦。

　　江安爷爷老两口和穷兄弟们一样，早晨鸡叫下地，直到夜猫子出来了才回家，从来不知劳累。他们种的庄稼长得特别好：鸡爪谷压弯了禾秆，谷子穗头像狼尾巴，二十个玉米棒子有1克（西藏的计量单位，1克=14公斤）。每到收获季节人们悲喜交加，喜的是又是一个丰收年，而悲伤的是凶恶的豺狼又要农奴们用两个二十天，不分白天黑夜地为他们收割、打场、运粮，光运粮就得翻两座大山。末了，还要把所有的收获都送到奴隶主老爷家去还债。大家都说："央曲"（即雅鲁藏布江）是农民们流的眼泪和汗水汇集而成的。

　　一天，几个穷哥们来到江安爷爷家，共商对付还债的事情。江安爷爷想了好一会儿，才对乡亲们详细地讲了他的计谋。大家听后都很高兴，认为江安爷爷胆大心细，智谋超人。他的计划很巧妙，又很周密。

　　第二天，大家带着斧头、钻子、铁锤来到江边。在一个高二庹的灰白色的岩石壁下搭起了一个木架，先把一块两个人才能抱住的大石头挖了出

来，又经过二十天的精心加工，一个皂石锅终于做成了，大家高兴得掉下了热泪。他们立起三块石头当灶脚，锅内装满了水，你加一把柴，他添一把火，众人拾柴火焰高，没过多久，水就开了，开水同劳动者一道欢笑。江安爷爷和乡亲们把石锅合力抬下，放在地上，约莫有两顿饭工夫开水还在沸腾，大家高兴得又蹦又跳。

这一天，庄园主和管家带着账簿出来讨债了，光账簿就满满装了两个马褡子。江安爷爷看见来路上尘土飞扬，他急忙用土将石锅下的火炭埋掉，扔掉灶脚石，四平八稳地盘腿坐在那儿喝茶。老爷和管家经过大半天长途跋涉，口渴了，肚饿了，马儿累了，他们看见石锅里茶水沸腾，清香扑鼻，就勒住了马缰，跳下马来，在江安爷爷对面席地而坐。

"格！江安！你在这儿做什么？"管家首先开口问。"老爷口渴了，喝碗香茶吧。"江安爷爷给他俩每人斟了一碗香味诱人的滚茶，答道："你问我在此做什么？我上个月得了一个宝锅，是天神赐给的，我准备到格当（今墨脱县一个乡）那边换些金银珍宝，回来兑换粮食养活家里人。"

这时，石锅里的开水像理解主人的心情似的，翻腾得更厉害了。老爷和管家看得入了神，眼不眨，口不语，直咽口水。江安爷爷不紧不慢地说："天底下就这么一个宝锅，不烧柴，不点火，装上冷水就能开。不少老爷拿好多庄园来换，我都不干！"

老爷越看越入迷，确实周围无柴无火，而锅里的水一直是滚开的。如果能弄到这个宝贝，去献给国王，庄园又要增加二十个，金库银库又要增加二十个，说不定还会加官晋爵呢！老爷越想越甜蜜，嘴里吐出了一句话："这锅我买定了！"江安爷爷一本正经地说："不行呀，老爷！我不卖！"老爷说："你要啥，我给啥，请说吧！"江安爷爷仍慢条斯理地说："好多老爷给那么多庄园，我都不换。"老爷打断江安的话说："我的庄园给你一半，整整二十个，够人情了吧！"此时，江安爷爷叹了口气，做出忍痛割爱的样子说："看在老爷的面子上，这样吧，我不要你的庄园，也不要你的金银财宝，只要你俩的衣服、马匹和马背上的那两个马褡子就行了。"老爷开始有点舍不得，但想到国王的青睐和赏赐，就点头答应了。于是，老爷和管家脱下了自己心爱的衣服，穿上了江安爷爷补丁摞补丁的破衣裳。管家亲自给老爷斟了一碗香茶，也给自己斟了一碗并得意自在地喝了下去。江安爷爷临走时告诉老爷和管家："这个宝锅有个怪脾气——爱打瞌睡。锅里装满水后，要经主人的提醒水才会开的。怎么提醒呢？要用石头连敲五下，头次轻轻敲，片刻后再敲第二下，第三下和第四下要一次比一次重，若水还没开，最后一下猛力一击，水就开了。"衣服破烂的老爷连连点头说："记住了！记住了！"头次穿上绸缎衣的江安骑着高头大马，另一匹驮着满满两个马褡子的债契，飞驰着向遥远的地方去了。老爷和管家得到了石锅，真是如获至宝，他们已经在盘算着国王会赏赐多少庄园和金银了。两个喝着喷香的清茶，却忘了时辰，忘却了启程，直到滚茶快喝完，日头已经不高了，管家才对老爷说："老爷，咱们试试宝锅的本领吧。"老爷点头同意。管家气喘吁吁地端满一锅冰水，老爷说："我来试试看。"他用一木碗大的圆石头连续敲了四下，水还没开，他最后使出吃奶的力气猛击石锅，"当——喳"一声，石锅被打烂了，满锅的冷水到处横流，连老爷和管家的衣服都被浸湿了，他俩像傻子似的，目瞪口呆，脸色苍白。过了好长时间，老爷才吐出了一句话："又被江安骗了。"

打那以后，老爷收债没有了凭据，乡亲们屁股后头没有人盯着催债要账了，过年清静了，安安生生过了二十个年头。

【照片档案 106】

图片说明：大峡谷中的皂石堆

拍摄时间：1955 年 7 月

拍摄地点：墨脱宗加热萨村

【照片口述】

  墨脱的皂石仅产于上珞渝地区的帮辛、龙勒一带。在那里，雅鲁藏布江两岸的峭壁都是制造石锅的原料。

【照片档案 107】

图片说明：墨脱宗珞巴族生产的传统石锅

拍摄时间：1956年8月

拍摄地点：墨脱宗达顷顿村

【照片口述】

　　帮辛地区一带沿江蕴藏了大量矿产，处于雅鲁藏布江两岸的悬崖陡壁上，呈灰色，质地松软，它耐5000摄氏度的高温，是电器工业原料。珞巴族人利用它创制了各式各样的石锅。

　　石锅，是珞巴族、门巴族主要的手工产品，用皂石精心制作而成，可烧水，又可做菜、蒸饭，深受珞巴族、门巴族人民欢迎。

　　精造石锅是手工制造，产量不高，需求量又大，因此价格不菲。一般直径1米，高40厘米的石锅，解放前可换回长20度的氆氇或4个银圆。解放后可卖500元人民币，现在据说涨至2000元以上。

【照片档案108】

图片说明：珞巴族女铁匠
拍摄时间：1955年6月
拍摄地点：墨脱宗帮辛村

【照片口述】

　　铁匠一般由男性担当，一因人们的认识问题，认为铁匠只有男人才能担当；二因劳动强度过大。在墨脱，我只见过一位女性铁匠，名叫次仁。她说，她继承了爷爷和爸爸的铁匠手艺。次仁性格坚强，吃苦耐劳。她认为，男人能干的事，女人同样也能胜任。

【照片档案 109】

  图片说明：珞巴族的铁匠
  拍摄时间：1955 年 6 月
  拍摄地点：墨脱宗帮辛村

【照片口述】

  墨脱铁匠极少，但帮辛村就有 5 人，其中女性一名。铁匠很受人尊重。

【照片档案 110】

图片说明：墨脱宗地东村门巴族妇女古鲁织布

拍摄时间：1956 年 5 月

拍摄地点：墨脱宗地东村

【照片口述】

　　珞巴族、门巴族妇女都会纺棉织布，除自给外，多余部分运至工布、波密等地同藏族以物易物，换回自己所需要的生产、生活资料。

　　古鲁是典型的门巴族妇女，勤劳善良，诚恳好客，对人宽容。

【照片档案 111】

图片说明：墨脱宗背崩村门巴族农民益西喜收香蕉
拍摄时间：1956 年 3 月
拍摄地点：墨脱宗背崩村

【照片口述】

  墨脱的香蕉树很多，家家户户都有一丛丛的香蕉树，而山上野香蕉树成片，上百亩的比比皆是。这里农民香蕉吃不完，又无法背运至林芝、波密出售，只好喂猪。

  墨脱今后应充分利用地理优势，大量栽种热带水果，待将来对外交通畅通后，运至拉萨、藏北出售，一方面解决高原同胞的需求，另一方面增加当地人民收入。墨脱今后发展特色生产，大有希望，前途光明。

【照片档案112】

图片说明：墨脱宗墨脱村香蕉熟了
拍摄时间：1956年3月
拍摄地点：墨脱宗墨脱村

【照片口述】

　　墨脱发展生产，要从实际出发，因地制宜。墨脱应着眼未来，不满足目前。大力发展特色生产对处于亚热带的墨脱非常重要，如发展木耳、热带水果等种植业；养殖业的发展也大有前途，如人工圈养毒蛇、蚂蟥等。

【照片档案 113】

图片说明：冀文正站在自种的香蕉树下
拍摄时间：1956 年 3 月
拍摄地点：墨脱宗马尼翁村

【照片口述】

  干部自种自栽香蕉树，体现了热爱边疆、建设边疆的信心和决心。

  自 1950 年 3 月我们十八军接收进军西藏的任务后，我多次宣誓："长期建藏、边疆为家。"这个口号喊了，也践行了。行动上，我们大力引进各种品种，如国内的河南西瓜、花生，新疆葡萄；国外的印度矮香蕉、辣椒进入墨脱，并且栽植了不少香蕉树。

  1954 年，我愉快地接受调令，前来"独居一隅"的墨脱边防工作，积极学习珞巴族和门巴族语言，还会说藏语，识藏文，同群众直接交流沟通，收集到手 500 多万字民间文化资料，著书 28 部，大部分出版面世了，还自费拍摄了上千张那个时代的照片，留下了珍贵的影像纪录。

【照片档案 114】

图片说明：墨脱宗马尼翁村香蕉丰收，冀文正采摘自种的香蕉
拍摄时间：1956 年 3 月
拍摄地点：墨脱宗马尼翁村

【照片口述】

　　这是我引进的印度矮香蕉品种，名叫"同比勒斯"，它易于栽植，吸收养分少，对土质要求不高。它个儿只有两米左右，比当地品种矮一半；它在树上可以成熟，成熟后果皮仍为绿色，当地品种还得闷捂一周，才能入口。这个品种值得大力推广。

【照片档案115】

图片说明：墨脱宗墨脱村村民托起成熟的香蕉，脸上洋溢丰收的喜悦

拍摄时间：1956年3月

拍摄地点：墨脱宗墨脱村

【照片口述】

  这是当地品种，这种香蕉含糖量高，很受人们喜爱。

  原墨脱宗各村（少数高寒村落除外）都有大片蕉林，且自留地（菜园）里都有丛丛蕉林，微风吹来，发出沙沙的"歌声"，给人以凉意。

【照片档案 116】

图片说明：墨脱村香蕉熟了
拍摄时间：1956 年 5 月
拍摄地点：墨脱宗墨脱村

【照片口述】

　　这棵香蕉树是我们工作队种植的，可收获 50 多斤香蕉。

【照片档案 117】

图片说明：墨脱宗墨脱村村民捡拾成熟的桃子

拍摄时间：1956 年 5 月

拍摄地点：墨脱宗墨脱村

【照片口述】

墨脱的桃子分为两种，一种叫毛桃，大山上有成片上万亩的野桃林，产量很丰。个小，味酸，群众成筐成筐地收集起来，晒干后喂猪。另一种是水蜜桃，个大，约有 200 克重，味甜。人们大多食之。因遍地分布，部分待七成熟时收集起来，晒干后成猪食。

墨脱桃树遍地，吃不完，只好将桃子晒干后喂猪，一棵 10 年龄桃树可收获上千斤果实，家家都有十几筐、几十筐干桃储藏，每天给猪一脸盆干桃，再加上玉米，香猪长得快快的、肥肥的。

【照片档案 118】

图片说明：墨脱宗墨脱村村民捡拾成熟的桃子

拍摄时间：1956 年 5 月

拍摄地点：墨脱宗墨脱村

【照片口述】

墨脱村里大部分的桃树归公有，由村民共同收获，公平分配。

村民家家户户都有自己的桃树，均在房前屋后，果实可归己所有。图为阿图家捡拾自家的果实。

【照片档案119】

图片说明：墨脱宗墨脱村村民将成熟的桃子堆放在一起
拍摄时间：1956年5月
拍摄地点：墨脱宗墨脱村

【照片档案120】

图片说明：墨脱村成熟的桃子
拍摄时间：1956年5月
拍摄地点：墨脱宗墨脱村

【照片口述】

  这是布卓嘎家收获的水蜜桃，仅半熟。我拍摄时，已背回9筐（约600市斤），尚余5筐左右。图中仅是一棵树的小部分果实。他家共有5棵桃树，可收果实30多筐，足够一年喂3头香猪的饲料了。

喜马拉雅的原居客——门巴、珞巴民族口述影像志：1956—1996

【照片档案 121】
图片说明：卡布村珞巴族雅西氏族头人安布展示收获的茵草
拍摄时间：1956年10月
拍摄地点：墨脱宗卡布村

【照片口述】

茜草既是染料，也是草药。茜草染制的衣服为红色，不掉色，优于其他染料。西藏僧人穿的僧衣就是用茜草染制的。

图左为我，右为珞巴族头人安布。我俩1954年就是知己朋友了。他是珞巴族故事家（当地称"仲肯"），给我讲了许多脍炙人口的民间故事，如《珞巴五兄弟》《上等地》《勒布爷爷》，等等。图为我俩在交谈茜草的采集和缴差及它的作用。

安布对我军在墨脱开拓工作作出了重要贡献，他热爱祖国、解放军和汉族大哥。由于当地刚解放，他在汇报敌情、社情与民情，教育群众方面配合我们作出了积极努力。

【背景资料】

茜草，茜草科。茜草属多年生草质攀援藤木，通常可达3.5米；根状茎和其节上的须根均为红色；茎多条，细长，方柱形，棱上生倒生皮刺，叶片轮生，纸质，披针形或长圆状披针形，顶端渐尖，心形，边缘有齿状皮刺，两面粗糙，叶柄长可达2.5厘米，聚伞花序腋生和顶生，有花数十朵，花序和分枝均细瘦，花冠淡黄色，花冠裂片近卵形，果球形，橘黄色。茜草8-9月开花，10-11月结果。分布于中国东北、华北、西北和四川及西藏等地，常生于树林、林缘、灌丛或草地上。朝鲜、日本和俄罗斯远东地区亦有分布。

茜草是一种历史悠久的植物染料，古时称茹藘、地血，早在商周的时候就已经是主要的红色染料了。丝绸经茜草染色后可以得到非常漂亮的红色，在历代文献中也有诸多记载。茜草是一种媒染染料，色素成分是蒽醌类衍生物，主要有茜素、茜紫素、伪茜紫素等，经套染后可以得到从浅红到深红等不同色调。在我国出土的大量丝织品文物中，茜草染色占了相当大的比重。

茜草又是中药材，性寒，能凉血止血，且能化瘀。

【口头传统】（珞巴族民间传说）

茜草和盐

讲述人：江措，男，珞巴族；牛布，男，珞巴族
采录时间：1957 年 5 月
采录地点：墨脱宗卡布村
流传地区：今墨脱县达木珞巴民族乡

奎油（布谷鸟）是候鸟，春天来了，它们飞向北方，秋末时候，它们从北方飞回珞渝。它们飞走时，个个皮包骨头，瘦如干柴，毛发脱落，飞不远就得停下来歇息。而它们成群返回珞渝时，个个腰壮体肥，肚儿圆溜溜的，毛色光亮，精神抖擞，还带回许多儿女，只只可爱。这种反差引起了阿崩嘎仁的注意，他决心弄个明白。

一年，春天到了，冰雪融化，万物复苏，奎油又开始迁徙了。阿崩嘎仁背着一筐吃的，跟着一群一群向北飞行的奎油行进，走呀走，蹚河、翻山，也不知走了多少天，当一筐干粮将要吃完时，他来到了和自己家乡不一样的地方：平川一个接一个，牛羊成群，木式藏屋遍地，人们穿着藏袍，吃着糌粑，喝着酥油茶……当地人热情接待了他，临走时，还送给他干粮和一包食盐，阿崩嘎仁回赠了一背茜草，他们含泪惜别。

从此，珞渝和西藏其他地区有了以物易物的交换，他们换回各自需要的生产、生活用品。物资交流促进了珞藏民族的友好往来和发展。

【照片档案122】

图片说明：墨脱古老的植物树蕨，在香蕉树的映衬下更加迷人。

拍摄时间：1996年10月

拍摄地点：墨脱县

【照片口述】

  树蕨曾与恐龙为伴，恐龙灭绝了，而树蕨却活了下来，成为宠树，成为观赏植物。

【背景资料】

  树蕨，别名桫椤。树蕨与恐龙是同时代的物种，距今约1.5亿年。恐龙消失了，而树蕨却活了下来。桫椤，别名蛇木，是桫椤科、桫椤属蕨类植物，有"蕨类植物之王"的赞誉。桫椤的茎直立，中空，似笔筒，叶螺旋状排列于茎顶端，是已经发现唯一的木本蕨类植物，极其珍贵，堪称国宝，是被众多国家列为一级保护的濒危植物，有"活化石"之称。桫椤是古老蕨类植物，可制作成工艺品和中药，还是一种很好的庭园观赏树木。

  桫椤生于林下或溪边，产于中国的西藏、贵州赤水及南方各地，在尼泊尔、不丹、印度、缅甸、泰国、越南、菲律宾及日本南部也有分布。

【照片档案 123】

图片说明：墨脱县有上亿年历史的古老植物——树蕨

拍摄时间：1996 年 10 月

拍摄地点：墨脱县

【照片档案 124】

图片说明：墨脱宗的粗榧树
拍摄时间：1955 年 7 月
拍摄地点：墨脱宗帮辛村

【照片口述】

　　西藏野生植物三分之二分布在墨脱，墨脱林下资源极其丰富，种类多，储量大。图中的粗榧树含有微量的酯类生物碱，民间用于消积、润肺和驱虫，近年来曾用于治疗肿瘤等疾病，号称"抗癌功臣"。

【照片档案 125】

图片说明：墨脱县森林里生长的过江龙树，其果实成为制作毒箭的一种重要毒药

拍摄时间：1991 年 8 月

拍摄地点：墨脱县墨脱村

【照片口述】

　　珞巴族和门巴族狩猎使用弓箭，毒箭的毒源一是藤槛子，也叫"过江龙"，豆科，一棵树可结上百个豆荚，每荚 3～5 粒过江龙籽；毒源二为"一枝蒿"，剧毒。毒箭上的毒药就是将二者研碎掺上香蕉树液混合而成。一般野兽中箭后，10 分钟即毙命。

　　珞巴族和门巴族猎人使用的工具几乎都是毒箭，其一因毒源充足，取之不尽，用之不竭，过江龙果和一枝蒿多得很，真可谓"信手可得"；其二因携带轻便，强弓加上箭筒不足 3 斤；其三因这里雨水多，尤其林中阴暗潮湿，但毒箭不怕水。火药枪火药难觅，铅弹缺乏，怕受潮，并且重量达 6 斤以上，因此猎人极少使用火药枪。

　　猎人几乎都是神箭手，百步以内，百发百中，野兽中箭后狂奔 1000

米毙命倒地。猎人迅速割除中箭处毒肉3斤左右，奖励发现野兽的猎狗（"一物降一物，石膏降豆腐"，奇怪的是猎狗没有中毒死亡的）吞食。

过江龙果剧毒，但又可食。将银圆大小的果实切成多片，用水煮沸几次，待没有涩味时，用油炒之，可食用，颇有花生的口感。

【背景资料】

过江龙树，植物名称：榼藤，拉丁学名：*Entada phaseoloides*，别称：榼子藤、眼镜豆、牛肠麻、过江龙、过山枫、大血藤、扭骨风。产自中国台湾、福建、广东、广西、云南及喜马拉雅山东部等地，在东半球热带地区分布。生于海拔600～1600米的山涧或山坡灌木丛、混交林中，攀援于大乔木上。

榼藤亦称榼藤子。木质藤本，无刺。托叶小，刚毛状。二回羽状复叶，顶生的1对羽片常为卷须；穗状花序纤细，单生于上部叶腋或再排成圆锥花序式；花，花萼钟状，5齿裂；花瓣5片，分离或于基部稍合生；雄蕊10枚，分离，略突出于花冠之外，花丝丝状，花蕾时药隔顶端具腺体；子房近无柄，胚珠多数，花柱丝状。荚果大而长，木质或革质，扁平，弯曲，逐节脱落，每节内有1颗种子；种子大，扁圆形。

榼藤是常绿、木质大藤本植物。茎扭旋，枝无毛。二回羽状复叶，长10～25厘米；羽片通常2对，顶生1对羽片变为卷须；小叶2～4对，对生，革质，长椭圆形或长倒卵形，长3～9厘米，宽1.5～4.5厘米，先端钝，微凹，基部略偏斜，主脉稍弯曲，主脉两侧的叶面不等大，网脉两面明显；叶柄短。穗状花序长15～25厘米，单生或排成圆锥花序式，被疏柔毛；花细小，白色，密集，略有香味；苞片被毛；花萼阔钟状，长2毫米，具5齿；花瓣5，长圆形，长4毫米，顶端尖，无毛，基部稍连合；雄蕊稍长于花冠；子房无毛，花柱丝状。荚果长达1米，宽8～12厘米，弯曲，扁平，木质，成熟时逐节脱落，每节内有1粒种子；种子近圆形，直径4～6厘米，扁平，暗褐色，成熟后种皮木质，有光泽，具网纹。花期3—6月；果期8—11月。

【调查资料】

剧毒而可食的过江龙果

讲述人：冀文正
整理：焦虎三

  珞巴族和门巴族猎人主要使用弓箭猎获野兽。弓和箭都是猎人自己制造的。铁器输入珞渝地区三百年来，竹箭被铁箭所代替。人们从一个传说中得到启示，毒蒿被广泛使用，发明了毒箭。在重峦叠嶂、古木参天、阴暗潮湿的珞渝地区狩猎，使用弓箭有许多好处，因此，男人外出都少不了佩挂箭筒，手持强弓，遇兽可以猎获，遇敌可以防身。每个成年男子都有自己心爱的弓箭，乐于别人夸奖其弓箭制作得上乘。他们从孩提时起就练习射箭，弓箭不离身。

  毒药由两种植物混合制成。一种是生长在高海拔地方的"阿母"（一枝蒿），用它晾干的块茎。一种是"果比"（榼藤子）的果实。将研成粉末的毒药用唾沫或香蕉树汁掺和均匀，涂在铁箭头上，厚度为0.3厘米，晾干后即可使用。一般百米内百发百中，中箭后野兽奔跑一二百米即毙命。

  "果比"既是剧毒物种，又是上乘佳肴。

  榼藤子又名眼镜豆，俗名"过江龙"。豆科，高大的木本藤木，五年生藤蔓长达四五十米。荚果长70厘米，弯曲、扁平，每荚有四颗果实，褐红色，银圆大小，呈扁平状，剥去果皮，是两瓣白色果肉。树皮及果肉均含皂素，可作为肥皂的替代品。有强烈的刺激性，误食或入眼能致人死亡。纤维供造纸或作为人造棉原料。种仁含油约百分之十七。全株有毒。它生长于墨脱海拔860米的常绿宽叶林中。东半球热带地区有少量分布。它是我区珍稀的树种之一。我保存了一些"果比"果实。

  一株树一年可摘20斤果实。珞巴族和门巴族群众将果肉切成手指大小，在开水中煮沸半个小时,将水倒掉,再掺入冷水煮沸,这样反复五六次,待果肉不带涩麻味时,用野生植物油炒之,果肉清脆可口,比煮花生好吃许多倍。珞巴族人和门巴族人喜欢用这种菜招待贵客嘉宾,逢年过节少不了它,同时,它也是上乘的馈赠品。

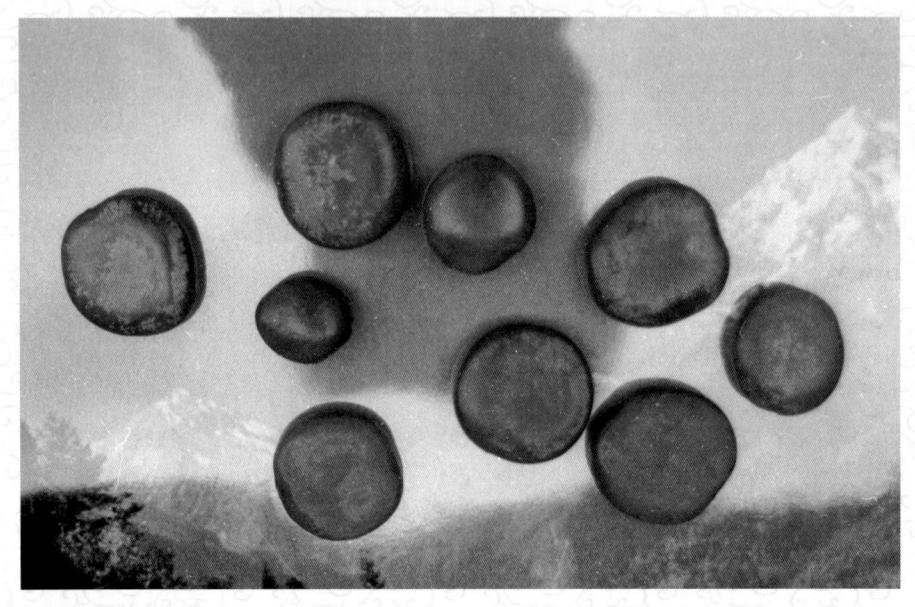

【照片档案126】
图片说明:"果比"的果实
拍摄时间:1991年8月
拍摄地点:墨脱县墨脱村

【照片档案 127】

图片说明：墨脱县丛林里过江龙树结的果实，剥开后捣碎可用于制作毒箭

拍摄时间：1991 年 8 月

拍摄地点：墨脱县墨脱村

【照片口述】

　　剧毒过江龙果还是佳肴呢。一般群众多用于制作毒药，用来狩猎。但它也可制作食品。个别劳力多的人家，在密林中寻觅过江龙果，若发现 3 棵的话，可摘取 30 多斤果实，用于做菜。一般砸烂外壳，将坚实的果肉切成多块，用水煮沸半个小时，倒掉开水，再倒入冷水，这样反复煮沸五六次，便可食用了，真是"味道好极了"！

【照片档案128】

【照片档案129】

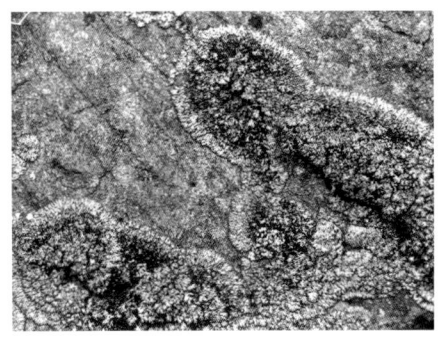

【照片档案130】

【照片档案131】

图片说明：墨脱县的植物化石
拍摄时间：1996年10月
拍摄地点：墨脱县

【照片口述】

　　在墨脱的高山湖泊中，在潮湿的原始森林中，在大峡谷深处，不时都能发现许多砸不烂的木头，木头上有各种千变万化的花纹，让人叹为观止。

喜马拉雅的原居客——门巴、珞巴民族口述影像志：1956—1996

【照片档案132】 　【照片档案133】 　【照片档案134】

【照片档案135】 　【照片档案136】 　【照片档案137】

图片说明：墨脱的野生菌与其他可食用植物
拍摄时间：1967年5月
拍摄地点：帮辛区珠村一带

【照片口述】

　　在门巴族的食用菌记录中，他们最为偏爱的是獐子菌。门巴族人称獐子菌为"拉布夏木"。这些菌均盛产于海拔2000米的湿润林中，它与猴头和灵芝同被誉为"世界三大野生食用菌"。

大峡谷的野生菌类虽然也呈褐色，但个头一个个竟有小洗脸盆大，每个有二三公斤重。就拿獐子菌来说，大峡谷的菌体有30余个折叠沟缝，厚度达15厘米，全菌长满了绒毛，形似獐子毛。大峡谷中的野菌漫山遍野，如此丰富，当地门巴族人一人进山寻觅，半天时间可以背回一大筐。在墨脱县还有一种大型食用菌遍地生长，它主要产于刀耕火种的田地里，森林里很少见到。门巴族人称此菌为"夏木巴木"，因其形似圆帽而得名，它有帽儿那么大，纯白质厚，基秆有30余厘米，其中三分之二埋于地里。此菌周围常伴生着五六个拳头大的香菇。当地群众说，桂树腐烂后方能长出此菌。这种菌晒干后是上乘的馈赠品，我20世纪50年代走进墨脱时，就发现家家都干储不少此菌。

当地人食用"拉布夏木"有两种办法，一种是煮汤，另一种是洗净后放葱和盐凉拌，这两种吃法都味美可口。门巴族人还喜欢让孕妇喝鲜菌汤，据说这样婴儿出生后能长得肥胖、结实。

【背景资料】

雅鲁藏布大峡谷如同一座大屏风，隔断了居住在这里的人们与外界更多的联系，这种文化人类学上的"孤岛"现象，反使当地的一切人文习俗与自然生态得以较为原始与完整地保存下来。这种从古至今一脉相承的原始性，鲜明体现在墨脱宗门巴族的饮食习俗及他们的饮食与大峡谷植物密不可分的关系中。

在大峡谷中，当地人虽以玉米、鸡爪谷、大米为排名前三位的主食。但为平衡营养，提高食欲，门巴族也喜欢采撷森林中的植物以及果实以供食用。珞渝的林海中有非常丰富的野生植物资源，这是大自然对人类最好的馈赠，它们不仅为当地人提供了上千种名贵中药材，而且还提供了数百种可供当地人食用的野生菌。

第六章
墨脱人物

墨脱在喜马拉雅山脉南麓，与印度毗邻，意为"隐秘的莲花"，"墨脱"一词在藏文中是"花朵"的意思。8世纪时曾名为白马岗，19世纪改称地东宗。后因为地东缺水，迁宗址到墨脱村，易名为墨脱宗，1959年7月，建墨脱县，后划归林芝地区管辖。2015年3月，撤销林芝地区，设立地级林芝市，墨脱县属林芝市辖县。

墨脱县位于西藏东南部，雅鲁藏布江下游，平均海拔1200米，最低海拔90米。面积约31450平方千米，耕地面积2万亩，森林面积3200万亩。雅鲁藏布大峡谷主体段都在该县境内。门巴族与珞巴族是墨脱独有的少数民族。

从地图上看，墨脱三个区的地形地貌是：金珠河谷开阔；墨脱沿江一线比较平坦；而帮辛地区自卡布村向西经旁古、加热萨、甘登至林芝市门仲乡约150千米，险峻陡峭，真可谓"上山钻云端，下河到江边，两岸说话能听见，走起来得一天"。民居、水田、旱地，全都像挂在墙上一样。

珞渝地区自古以来就是中国领土的一部分。从远古时代起，珞巴族先民就生活在这一带，与藏族先民和门巴族先民一道，共同创造了喜马拉雅山区的文明。门巴是门巴族的总称。"门"是指地方，即门隅；"巴"如果与地方联系起来用，含有"人"的意思,所以,"门巴"意为"门隅的人"。"门巴"既是部分门巴族的自称,也是藏族等其他民族对他们的称呼。由于居住地域的差异和历史上的民族迁徙,各地门巴族还有一些带有地域概念的称呼。如门隅勒布一带的门巴族自称"勒波",邦金一带的门巴族自称"学增",达巴一带的门巴族自称"达巴",珞渝北部雅鲁藏布江谷地的大部分门巴族自称"竹巴"。门巴族是中华民族大家庭中的优秀成员之一,是一个古老而又年轻的民族。说她古老,是因为她的先民早在吐蕃统一西藏各部以前,就已经生活在西藏南部群山峡谷的温暖地带。公元9世纪初,她的族名开始出现在藏文史料中。说她年轻,是因为门巴族人口较少,长期以来,很少为一般人所熟知。直到解放后,特别是1959年平叛和民主改革以后,由于中国共产党的民族平等、团结政策的贯彻,中央民族事务委员会(即今国家民族事务委员会前身)会同西藏自治区筹备委员会派出干部进行了深入实地的民族调查,征求了本民族群众的意愿后,将其定名为"门巴族"。1964年经国务院批准,门巴族被列为单一民族,成为祖国民族大家庭的成员之一。[1]

关于门巴族的人口,由于印度对我国领土门隅、珞渝大部分地方的非法侵占,准确数字还无法统计,估计现有人口约4万。2000年全国人口普查时,已经进行人口普查的地区,门巴族人口有8923人,其中,墨脱县6905人,林芝县643人,错那县612人。此外,米林、乃东、拉萨等县市及在内地工作学习的有700余人。上述9000多门巴族同胞与藏族、珞巴族同胞呈大杂居、小聚居状态分布。他们和睦相处,友好交往,文化上相互影响,久而久之,门巴文化也就成为丰富多彩的西藏文化的一个重要组成部分。经过一系列社会改革,这些地区的门巴族同当地藏族、珞巴族分别从封建农奴制社会和原始社会，跨越了数百年乃至数千年的社会历史发展阶段，共同走上了社会主义道路，在祖国大家庭里，与各民族人民携手并肩，建设着美好的家园。[2]

珞巴族是中华民族大家庭中的优秀成员之一，也是一个古老而又年轻的民族。珞巴，意为"南方人"，其总人口约30万人，由于印度对我国领土门隅、珞渝大部分地方的非法侵占，准确数字还无法统计。其中处于中国实际控制区的现有3000余人。[3] 珞巴族主要分布在西藏东起察隅，西至门隅之间的珞渝地区，主要从事农业和狩猎。珞巴族有自己的语言，基本上使用藏文，珞巴语属汉藏语系藏缅语族。

珞巴族内部部落众多，主要有"博嘎尔""宁波""邦波""德根""阿迪""塔金"等。"珞巴"是藏族对他们的称呼。中华人民共和国成立后，根据实际情况和本民族意愿，1965年，经国务院批准，正式定名为"珞巴族"。

从1954年至1963年间，我为申报珞巴族与门巴族成为单一少数民族共向有关部门申报和提供了11份调查报告，其中，1956年8月写的万余字申请报告后被中国社会科学院收藏并刊印于书中。

我于1954年调入墨脱县工作，于1970年调离。在这16年间，因为交通与自然等各种原因，国家没有派遣任何调查人员进入墨脱县，我边学习边收集珞巴族与门巴族的有关资料，这些资料便成为珞巴族与门巴族少数民族身份认定的重要依据，并发挥了积极作用。此后，《解放军报》《西藏文化报》等多家媒体刊文报道，认为："在珞巴族与门巴族两民族的认定上，冀文正功不可没。"

---

1 张江华：《门巴族》，民族出版社1997年版，第2页。
2 张江华：《门巴族》，民族出版社1997年版，第3页。
3 《珞巴族简史》编写组：《珞巴族简史》，民族出版社2009年版，第1页。

【口述文献】

为了门巴族和珞巴族的尊严

讲述、整理：冀文正

几十年来，约有 20 家媒体介绍了我对认定这两个民族所起的作用。这让我更加确认了我的责任，我要为这段历史做个说明，供后人研究和参考。

1950 年成都战役结束后，我们十八军奉命进军西藏：2 月至 4 月，西南军大八分校（原十八军随营学校）二大队 4 个中队 500 余名学员在四川乐山突击学习藏语。我们的藏文教员是峨眉山的隆果法师，他是西康藏族人，50 余岁，为人亲善，治学严谨且教学有方。通过百天的学习，我们学完了藏文四年级的课程，可以和藏族人进行简单的日常交流。

在进藏的几个月准备时间里，我多次跑到乐山仅有的八九家小书店，去寻觅有关西藏的书。书有十多种，但由于身上的钱不多，我最后只选购了《西藏图志》《藏地旅游》《联豫奏稿》和英国人写的《旅藏二十年》4 本书。这些书伴随我进藏，让我了解了一些藏地风情，但印象不深。

1954 年 8 月中旬，我接受了进驻西藏独居一隅的"孤岛"——墨脱县的工作。我用了半个月的时间，认真地翻看了那几本书中的有关章节，其中在民国时期的《西藏图志》一书中，"珞渝"被写成了"猡貐"，"珞巴人"被写成了"猡人"，怎能用"反犬旁"和"豸字旁"呢？这是旧时代明显的侮辱用词，不符合新社会我党各民族一律平等的政策。墨脱县是珞渝的一部分，我要去那里工作，要同那里的人打交道，为他们代言也就成了我的责任。于是，我写了一封信交给中共波密分工委宣传部张克宇部长，要求严禁使用民国时期的错误提法。这是我写的首封关于门巴族人和珞巴族人的信。

  1954年8月23日，经过5天的行军，我翻越了海拔5800米的金珠拉雪山，穿过了热带雨林和蛇山、蚂蟥区，安全抵达了珞渝工作组驻地——金珠宗（县）布龙村。

  我对西藏生疏，对珞渝墨脱县更为陌生。于是，我通过多种途径和渠道，广泛搜集资料，充实自己。一天，我在格当寺活佛江求多杰和副宗本白马刀吉家中发现了几份藏文材料，其中用藏文写的"珞渝"也带有侮辱性质。

  经过半年的观察、实践和调查，我知识增长了不少，在地名的写法上表明了我的观点。在1955年5月至6月（尚未雪封山期间）我分别写了两份材料，申请确认门巴族和珞巴族各为一个民族，并要求抛弃一切带有侮辱性的地名和人名，即建议把"猡貐"二字的"反犬旁"和"豸字旁"改为"三点水"，写成"洛渝"。在报告中我强调了三条理由：一是任何歧视性的文字都不符合我党的民族平等政策；二是此地区雨水多，改写成"洛渝"，更符合这个地区的实际情况；三是"猡貐"和"洛渝"同音，但意义不同，前者藏文含义是"不开化之地"，后者则是"南方"的意思，后者更符合这一地区处于西藏南部的实际情况。

1931—1959年墨脱的官员

19世纪中叶，西藏地方政府曾一度把珞渝地区划归波密土王管辖。1931年，波密之乱荡平后，墨脱宗归西藏地方政府统辖。因色拉寺和它的子寺倾多寺在藏波战争中有功，西藏地方政府将墨脱宗封给他们具体管理，由这两个寺从藏族喇嘛、贵族或官员中挑选人员担任宗本，这些宗本是：

第一任：1931—1933年，鲁布顿珠，藏族

1934年未派宗本

第二任：1935—1937年，阿旺曲扎，色拉寺派；洛且，倾多寺派

第三任：1938—1940年，强尊门朗，色拉寺派；拉加玛，倾多寺派

第四任：1941—1943年，谢俄彭措，色拉寺派；罗桑丹珍，倾多寺派

第五任：1944—1946年，阿热席苏，色拉寺派

第六任：1947—1949年，阿旺公布，色拉寺派

第七任：1950—1952年，阿旺群则，又称"强巴土登"，色拉寺派

第八任：1953—1955年，阿旺群则

第九任：1956—1958年，扎巴顿珠，色拉寺派

第十任：1959年，古额，色拉寺派

两寺协商各派一名宗本的规定，并未执行，大部分宗本还是由色拉寺委派的。从藏波战争结束至1959年，在两寺委派的13人次宗本中，色拉寺共委派宗本9人10任。在我20世纪50年代的老照片中，拍摄了不少旧时代墨脱官员的影像，其中包括宗本、定本等。

"宗本"为原西藏地方政府派往各宗主管该地行政的地方官，亦称为"宗堆"。藏语"宗"为"城堡"之意。西藏地方政府以宗为地方行政机构，相当于县，宗本为地方行政官。重要的宗可设两名宗本，通常是一僧一俗，或两人均为俗官；小一些的宗通常只设一名宗本，或僧或俗。宗本的官阶从七品至五品不等，任期通常为三年，也有的四年一任。宗本的职责为摊派差役，征收赋税，维持宗内社会秩序并审理本地区发生的民事案件，传达噶厦公文指令。担任宗本的全部是贵族成员。宗政府本身不设下属机构，所有民政、司法、财粮等事务，都由宗本会同几个办事人员处理。

有的宗本特别是大贵族年轻子弟任宗本者，并不亲自到任履职，自己住在拉萨，而派一名"涅巴"（管事）到宗内代理。宗本在任内，其供给全由本宗负担，有的宗拨给若干土地作为宗本薪俸地，派差民耕种，薪俸地收入扣除种地差民的工资外，一部分作为宗本的薪俸。

宗政府办事人员，大体分为内务和外务两个方面。内务设"仲译"（文书）、"康涅"（管财务、房屋）和"格巴"（履行衙役、执法等职责）三人；外务设"定本"（或佐扎、措本）一至四人和"根布"若干人。宗政府仲译、康涅、信差等办事人员管内务，每年亦有固定工资，另设佐扎（"定本"）、根布等地方头人管外务，负责征税派差等。因各宗内分布政府、贵族、寺院的庄园，农奴都有自己的领主或"列空"管辖，与宗政府的关系并不大，所以宗本行使职权往往要与各领主的代理人和地方头人协商，实权并不太大，事务也不很多。各宗征收的应上交地方政府的粮税，经宗本与地方政府派来的粮库官一起验收入库盖印封存，由宗政府负责保管，以备地方政府需要时征用。

"定本"为藏文音译，指旧时西藏的一种官职名，为原西藏地方政府宗以下的地方头目，"定"与"措"相同，相当于"区"，旧译为"村长"或"头人"。以后又被引用于藏军军职官名，辖 25 名士兵（相当于排长），在甲本领导之下，官阶为七品。

【照片档案138】

图片说明：原墨脱宗第八任宗本阿旺群则（右三），第九任宗本扎巴顿珠（右二）同原墨脱宗政府工作人员合影。当时扎巴顿珠接替阿旺群则赴墨脱宗上任，两任"宗本"在则拉岗宗派村交接工作

拍摄时间：1957年7月

拍摄地点：则拉岗宗派村（海拔1800米）

【照片口述】

藏波战争结束后，西藏地方政府将墨脱宗封为色拉寺的领地。从1931

年至1959年，色拉寺先后委派10任宗本管辖墨脱。

墨脱宗在则拉岗宗（今米林市）派村设置有驿站，一是作为宗政府的后方基地；二是为了监管珞巴族人和门巴族人不得将珞渝的土特产私自外卖。珞渝土特产均由驿站强行低价"收购"，再转手高价售出，从中牟利。

图为1957年第八任与第九任宗本在则拉岗宗派村交班，图中右一、左一二均为宗本的保镖。

【背景资料】

波密土王政权是一个有着悠久历史的地方割据势力，传说为吐蕃第八代赞普止贡赞普的后裔。19世纪末，波密土王设"地东宗"与"嘎朗央宗"后，政治影响也随之大增，加强了对宗内珞巴族的管理，而且也成了下珞渝广大地区珞巴族各部落之间纠纷的仲裁者。

波密土王在上、下珞渝的政治势力不断加强，引起了西藏地方政府的关注。1926年，噶厦政府命令昌都总管派出四品官员贡布索朗为波密、白马岗地区管理商务的官员，进入墨脱，并深入到阿米、吉刀的广大门、珞地区，进行人口、户籍、地形和物产等调查。这一举动，激起了波密土王的严重不满。1927年，波密土王正式与驻防昌都的达朗代本率领的五百西藏地方政府的军队开战，结果失败。他带着妻子和儿子经察隅逃入扎嘎的珞巴地区，不久因食物中毒死在那里（一说得热病而死）。波密土王的政权至此覆灭。[1]

---

[1] 本书编写组：《珞巴族简史》，民族出版社2009年版，第42—45页。

【照片档案 139】

图片说明：原墨脱宗第八任宗本阿旺群则（右三）、第九任宗本扎巴顿珠（右二）同墨脱宗政府工作人员合影

拍摄时间：1957 年 7 月

拍摄地点：则拉岗宗派村

【照片口述】

  一般宗本上任时，随身保镖有 3 至 5 人，均系从拉萨带过来的亲信。保镖配有长枪。宗政府一般由 10 人组成，除拉萨来的保镖外，还会在墨脱当地雇用文书 1 人，"阿珠"（打手兼派差、收租官员）多人。

  第八任至第十任的三任宗本文书均由门巴族人益西平措担任，"阿珠"有扎西（藏族）、白嘎（珞巴族）、阿图（藏族）等人。

【照片档案140】

图片说明：原墨脱宗第八任宗本阿旺群则
拍摄时间：1957年7月
拍摄地点：则拉岗宗派村

【照片口述】

　　阿旺群则曾是色拉寺上层喇嘛，曾到过中国青海省、印度、蒙古国等地。

【照片档案 141】

图片说明：原墨脱宗第九任宗本扎巴顿珠，色拉寺上层喇嘛，生于工布江
　　　　　达县江达区江达村
拍摄时间：1957 年 7 月
拍摄地点：则拉岗宗派村

【照片口述】

　　扎巴顿珠上任后，办成了两件大事，一是同意我工作人员（含军队）从金珠南下移至墨脱工作，有利于我们加强边防，全面开展墨脱县的工作；二是色拉寺在墨脱当地收的大米不远运拉萨了，"换大米"政策实现了。当然，后一点成绩主要还是源于中共西藏工委对色拉寺的说服工作，但在落实方面，起码扎巴顿珠没起过负面作用，对于以上两点，他还是勉强同意的。

　　我与扎巴顿珠共事不足三年时间，双方合作还不错，也没有太大的分歧。该人政治态度比较明朗，他拥护中国共产党，欢迎解放军；接受《十七条协议》；认为中国共产党能把西藏治理好，解放军是好人。

　　他因脖子上长了一块较大的瘤子，群众背后称其为"大脖子宗本"。

【照片档案 142】

图片说明：原帮辛地区加热萨定本布阿牛
拍摄时间：1955年10月
拍摄地点：墨脱宗帮辛地区

【照片口述】

原帮辛地区（又称上珞渝地区）的加热萨定本布阿牛，是该村索朗旺扎提名并由倾多寺任命的。他是珞巴族，时年44岁，他住在海拔1550米的地方，距离雅鲁藏布江江面800米，6间木屋建在悬崖边，如挂在墙上似的。

【照片档案143】

图片说明：墨脱宗甘登乡（原帮辛地区）甘登定本扎普玛

拍摄时间：1955年10月

拍摄地点：墨脱宗帮辛地区

【照片口述】

　　甘登定本扎普玛也是由倾多寺任命的。该人诚恳老实，爱帮人解危，也没啥剥削行为，只是倾多寺任命的当地头人，倾多寺对其也基本不加过问。

　　甘登地区位于雅鲁藏布大峡谷腹地，是大峡谷核心区交通最不便利的地区，群众称为"朗切"，意为绝路或断路，交通极其不便，来往人员极少。

　　当地生产力低下，群众生活十分贫苦。珞巴族人民处于水深火热之中。包括扎普玛在内，都挣扎在饥饿线上，殊为不易。事实上，墨脱大多数定本也是当地贫苦人家出身，仅因能说会道、较擅长交际而当选。

【照片档案 144】

图片说明：墨脱宗甘登乡（原帮辛地区）甘登定本扎普玛

拍摄时间：1955 年 10 月

拍摄地点：墨脱宗帮辛地区

【照片口述】

　　所谓"定本"（相当于区长）、"学本"（相当于村长），大部分都是劳动者，他们的着装同农民一模一样，也参加劳动，仅仅在待人接物上应酬各种场合。他们平时和村民同吃同劳动，也互请互吃，彼此毫无戒备和拘束。

【照片档案 145】

图片说明：倾多宗所辖的墨脱宗帮辛定本白马旺秋（门巴族）

拍摄时间：1956 年 8 月

拍摄地点：墨脱宗帮辛地区

【照片口述】

　　各地封建割据势力的存在始终是西藏地方政府的一大隐患。从 1927 年至 1931 年，原西藏地方政府派大军征伐波密土王噶朗巴。战争结束后，西藏地方政府将地东宗（即墨脱宗）收归政府统辖。后来，又将地东宗封赠给在消灭土王势力期间立了功的色拉寺管理，将帮辛、加热萨两个"定卡"（区）划为倾多寺的封地。帮辛定本由倾多寺指定并任命。帮辛定本白马旺秋思想进步，拥护中央政府，爱国，爱解放军。

【背景资料】

　　倾多寺，全名"倾多强巴林寺"，位于距离波密县城 40 千米的倾多镇，寺始建于公元1454年，创建人热布曲吉扎巴，倾多强巴林寺为格鲁教派寺院，强巴是该寺的主要活佛。

1928年至1950年，噶厦政府所设"波堆宗"与倾多寺同驻一处，所以在同一时间所建的4座格鲁教派寺庙之中倾多寺的影响较大。波密地区和平解放以后，1950年12月至1959年9月期间，"波堆宗"改称"倾多宗"，为中国共产党与各界爱国人士共同组成的县级政府，以倾多宗解放分会名称行使政府职权。

【照片档案146】

图片说明：西藏地方政府打败波密土王政权后，将帮辛措划归波密倾多寺所属的倾多宗管辖，下设四个定本。图为帮辛定本（左）与甘登定本的合影

拍摄时间：1956年8月

拍摄地点：墨脱宗帮辛地区

【照片口述】

旧时"定卡"（区）的定本均由农奴主任命。如帮辛定本和甘登定本均由倾多寺（农奴主）委派的遂村"索朗旺扎"（意为代理人）提名，报农奴主批准后任命。其中，代理人是具体执行者，权力大于寺庙，很多时候，"上报"只是走走过场。

【照片档案147】

图片说明：原倾多宗所辖的帮辛定本

拍摄时间：1956年8月

拍摄地点：墨脱宗帮辛地区

【照片口述】

　　定本虽属"官员"，实则是墨脱地区的"头人"。但大多仅是当地一些稍微富裕、社会活动能力强的普通百姓。

【照片档案 148】

图片说明：墨脱宗政府"阿珠"（派差、收租官员）珞巴族人白嘎，达额木部落米日氏族人

拍摄时间：1956 年 7 月

拍摄地点：墨脱宗墨脱村

【照片口述】

　　珞巴族人白嘎很富传奇色彩。他本是珞巴族有名的猎人，45 岁时被一头狩猎击中的野羚牛用角挑下悬崖，却死里逃生。一条腿断了，成为残疾人。

　　白嘎曾任墨脱宗三任"阿珠"。生计以狩猎为主，兼务农业，经济较为富裕，又有一定社会活动能力，交友广泛。

【照片档案 149】

图片说明：墨脱宗第八任宗本阿旺群则的管家希绕，藏族，日喀则市仁布县人

拍摄时间：1957 年 7 月

拍摄地点：墨脱宗

【照片口述】

　　希绕为色拉寺喇嘛，实际上是宗本的"财务总管"。他少言寡语，曾因生活作风问题，被群众告到白马岗工作队后，受到处分。但此人较诚实。

　　希绕作了一个重要贡献，向政府交出了"达岗措"差户花名册。花名册成为揭露印度非法侵占我珞渝地区的铁证，在以后双方的边界谈判中发挥了重要作用。

【照片档案150】

图片说明：原墨脱宗当布措（第一措）措本（区长）阿旺次臣，时年58岁，
　　　　　原籍察隅，藏族
拍摄时间：1956年7月
拍摄地点：墨脱宗墨脱村

【照片口述】

　　阿旺次臣十岁跟随家人转经来到墨脱，其父能说汉语，他也略懂汉语，经常去印度经商。

【照片档案 151】

图片说明：原墨脱宗政府文书益
　　　　　西平措，门巴族
拍摄时间：1956 年 7 月
拍摄地点：墨脱宗墨脱村

【照片档案 152】

图片说明：冀文正同益西平措合影
拍摄时间：1988 年 7 月
拍摄地点：林芝县巴宜镇

【照片口述】

　　原来墨脱县熟识藏文的门巴族同胞不足 10 人，其中以益西平措水平最高，他同时又是宁玛派的僧人，宗教方面造诣很深。

　　益西平措精通藏语，又是民间文艺家，是当时门巴族少有的知识分子，曾任三届墨脱宗的"仲译"（文书）。

【照片档案153】

图片说明：原墨脱宗萨嘎措（第二措）措本旺勤，时年44岁，门巴族，居于旁囤村

拍摄时间：1956年7月

拍摄地点：墨脱宗墨脱村

【照片口述】

旺勤能说流利的藏语，原为商人，青年时曾到西藏工布、拉萨与印度等地经商，经常住墨脱宗政府，侍奉宗本形同其用人。

因其办事公道，能说会道，和百姓关系密切，加上其家庭经济稍富，关心民生，不时开仓济贫，故旺勤在墨脱宗所有门巴族人中威望最高。三届墨脱宗政府都很重用他。

后来，他将自己的儿子及侄儿、侄女送往祖国内地学习，深造后均成为国家的有用人才。

【照片档案 154】

图片说明：原墨脱宗萨嘎措（第二措）措本旺勤的哥哥旺扎，时年 47 岁，门巴族

拍摄时间：1956 年 7 月

拍摄地点：墨脱宗墨脱村

【照片口述】

旺扎家居萨嘎措哈井村，为人和善，待人诚恳，曾代理萨嘎措的措本，经常去印度经商，其经济实力仅次于弟弟旺勤。其社会活动能力强，朋友众多，在群众中威信较高。1956 年，他将儿子刀布及亲属的儿子一并送到祖国内地学习，后均成了才。（其儿刀布后任西藏林芝地区政协副主席）

1956 年 9 月，他被任命为墨脱县建设科副科长，行政十九级。任职后，他工作尽职尽责。

我和他是挚友，他向我提供了不少民间文化资料。

【照片档案 155】

图片说明：原墨脱宗荷扎措（第三措）措本罗布旺秋，时年41岁

拍摄时间：1956年7月

拍摄地点：墨脱宗墨脱村

【照片口述】

　　罗布旺秋为门巴族人，曾去过工布、拉萨与印度等地经商，但经济实力一般。他在门巴族中有较好的群众基础，思想开明。

【照片档案 156】

图片说明：荷扎措白马旺曲系措本罗布旺秋之弟

拍摄时间：1956年7月

拍摄地点：墨脱宗墨脱村

【照片口述】

　　白马旺曲在能力与威信上远超他哥哥，故荷扎措全措大权实际掌控在他手上。他长期协助其兄工作，对我们也很友好。

【照片档案 157】

图片说明：原墨脱宗背崩措（第四措）措本索郎多吉，时年 51 岁，门巴族，巴登村人

拍摄时间：1956 年 7 月

拍摄地点：墨脱宗墨脱村

【照片口述】

　　索郎多吉任"措本"长达 12 年。他是一个典型的农民，全天候务农，也没有家奴和长工。农忙时也同村民换工，一般一对一，你帮我两天，我再还你两天。

　　他曾去过拉萨、工布等地经商。他带头将儿子扎巴丁增送往祖国内地学习。在他的支持下，全措 20 多名男、女年轻人参加了革命工作。

新时代的墨脱人

【照片档案 158】

图片说明：金珠宗活佛江求多杰（左三）从祖国内地参观回来途经塔工分工委驻地林芝县真巴村与珞渝工作组成员合影，左一为丁培萱、左二为石继蓉、右二为赵德令

摄影：连有祥供稿

拍摄时间：1956 年 4 月 29 日

拍摄地点：巴宜区真巴村（今林芝市巴宜区真巴村）

【照片口述】

格当寺为金珠宗最大的藏传佛教寺庙,坐落于金珠地区格当村(现林芝市墨脱县格当村)。该寺为类乌齐寺的属寺,有僧人20余人。江求多杰活佛为格当寺主持,平时也务农。

江求多杰活佛思想进步,后被选为昌都解委会波密办事处委员。

【背景资料】

巴宜区,古称工布。原西藏地方政府在巴宜区曾设则拉宗、基巧宗,隶属西藏地方嘎厦政府。1959年9月,则拉宗、德林宗和贡穆宗三宗合并成立林芝县。

类乌齐寺,在昌都市之类乌齐县境内,位于县驻地以北的类乌齐镇,距县城29千米。类乌齐寺,本名"扬贡寺",藏语称为"查杰玛"或"格培林"。由桑吉温始建于1277年,距今已有700多年的历史。该寺是西藏东北部著名的噶举派寺院,是融合了藏族、汉族及尼泊尔民族风格的建筑。

【照片档案 159】

图片说明：中央新闻纪录电影制片厂摄影师同墨脱宗背崩措群众合影（右三为冀文正）

拍摄时间：1957 年 7 月 23 日

拍摄地点：墨脱宗背崩村

【照片口述】

中央新闻纪录电影制片厂为拍摄大型纪录片《珠穆朗玛之歌》，委派摄影师王喜茂和陈和毅（图中右一坐者）于 1957 年 7 月翻越喜马拉雅多雄拉山到达墨脱。他们工作了一个多月，由我担任向导和翻译。此图是在背崩村，摄影师同参与演出工作的珞巴族、门巴族群众合影。

喜马拉雅的原居客——门巴、珞巴民族口述影像志：1956—1996

【照片档案 160】

图片说明：中央新闻纪录电影制片厂两位摄影师同珞巴族、门巴族两位猎人合影（左一为王喜茂，右一为陈和毅）

拍摄时间：1957 年 7 月

拍摄地点：墨脱宗

【照片口述】

两位摄影师先从北京乘飞机到拉萨，再转车到派村，然后徒步翻越大雪山来到墨脱。这一路可真是跋山涉水，艰难曲折。他们来时墨脱又正值盛夏，是蚂蟥、毒蛇最为猖獗的活动期。两人都被咬过，但他们忍痛工作，在一个月内走了许多地方。每到一地，深入调查了解情况，认真组织拍摄。其中，仅在"贡堆颇章"大猎场就待了半个月，吃了不少苦，终于顺利完成了拍摄任务。

如今，他俩虽已先后离去，但留下的世人记录珞巴族、门巴族最早的影片，已成为十分珍稀的历史档案。

【照片档案 161】

图片说明：门巴族干部格阳
拍摄时间：1962 年 5 月
拍摄地点：墨脱县马尼翁村

【照片口述】

　　这是我军 1957 年吸收的门巴族学员，后成为墨脱的干部。

【照片档案 162】

图片说明：墨脱县委副书记王
　　　　　芝清（右）同贾龙
　　　　　湘副县长合影
拍摄时间：1967 年 6 月
拍摄地点：墨脱县墨脱村

【照片口述】

　　贾龙湘系十八军老兵，王芝清为援藏干部，他俩工作配合密切，亲如兄弟。

【照片档案 163】

图片说明：冀文正同墨脱县（营）委干部合影
拍摄时间：1964 年 8 月
拍摄地点：墨脱县墨脱村

【照片口述】

　　1964 年，墨脱全县干部只有 18 人，县委和独立营委合署办公，被称为"墨脱县（营）委"，党委常委 5 人，图中为其中 3 人：冀文正（左）；薛占山（中）；贾龙湘（右）。整个墨脱县（营）机构只有一个党委办公室，一处食堂。常委有合作，有分工，配合协调，团结一致，做到了：上级称赞，干部满意，群众信任。

【照片档案 164】

图片说明：国家将墨脱一大批门巴族、珞巴族青年送到咸阳西藏公学培训。他们经过三年以上培训后，成为墨脱县的第一批民族干部。图为首批门巴族、珞巴族学员合影

拍摄时间：1957 年 9 月

拍摄地点：陕西省咸阳市西藏公学（今西藏民族大学）

【照片口述】

　　我党历来十分重视民族干部的培养工作。1955 年开始我们在墨脱吸收了百余名优秀青年前往北京、咸阳和拉萨深造。经过多年的培养，他们成了西藏和墨脱建设的骨干力量。桑吉扎巴、罗布次仁、财旺江措、刀布、扎巴丁增等 20 多人先后担任了厅、县级领导，为西藏和墨脱的发展作出了贡献。

【背景资料】

　　旧西藏没有一所现代意义上的学校，寺院垄断着教育，仅有极少数僧官学校，绝大多数学生是贵族子弟，广大农奴和奴隶被剥夺了受教育的权利，适龄儿童入学率不到 2%，青壮年文盲率高达 95%，现代科技更是一片空白。1951 年至 2010 年，国家累计投入西藏教育经费 407.3 亿元，有力地推动西藏教育事业发展。[1]

　　1951 年，西藏和平解放。和平解放后的西藏百业待兴，迫切需要一大批具有一定文化基础的少数民族干部。1957 年经中央指示，西藏工委于同年 6 月开始筹建西藏公学。9 月，学校正式定名为"西藏公学"。10 月，中央批准将位于陕西省咸阳市的原西北工学院的校址转交西藏，作为西藏公学的校址。1965 年 4 月 30 日，经国务院批准，"西藏公学"更名为"西藏民族学院"。2015 年 4 月，经教育部批准更名为"西藏民族大学"。

　　"西藏公学"为西藏输送了一大批具有专业技术的民族干部，填补了西藏民族干部中缺乏专业技术人员的空白。

---

[1] 中华人民共和国国务院新闻办公室：《西藏和平解放 60 年》，(2011-07-11)[2017-09-23]，http://www.scio.gov.cn/ztk/dtzt/54/7/Document/954448/954448_1.htm。

【照片档案165】

图片说明：首批赴咸阳西藏公学进修的门巴族、珞巴族女学员合影
拍摄时间：1957年9月
拍摄地点：陕西省咸阳市西藏公学

【照片口述】

　　遵照中央关于培养民族干部的指示，西藏各级党委认真贯彻执行。墨脱党委从1955年起，三年内共吸收了145名门巴族、珞巴族和藏族青年赴北京、咸阳、成都等地民族学院（校）深造。

　　图中这批女学员是1956年至1957年吸收的，在陕西省咸阳市西藏公学深造。她们中最大者19岁，最小者才15岁（共4名），17岁者6人。

【照片档案 166】

图片说明：墨脱县政府将17名门巴族青年送到林芝青年训练队学习，图为首批全体队员合影

拍摄时间：1963年5月

拍摄地点：林芝县真龙邦卡帐篷村

【照片口述】

为了适应新形势的需要，彻底解决少数民族干部问题，中共塔工分工委和林芝分区党委决定成立一个青年训练队（简称"青训队"）。由分区领导，教员由地方委派，专门培养林芝地区的少数民族青年，学期半年左右。青训队前后举办了三期，学员达134人。学员来自林芝各地，毕业后大部分仍回原选派地工作。墨脱选派的学员学成回到当地，他们后来都成为当地的基层干部，有的走向地县级领导岗位。

青训队队长为李天云，汉族，精通藏语。他工作积极，热爱群众，对工作任劳任怨，为青训队的成功举办作出了贡献。

【背景资料】

1956年，西藏自治区筹委会设立塔工基巧办事处；1958年11月，成立中共塔工分工委，驻地为林芝县真龙邦卡帐篷村（今林芝市普拉村）；1960年1月，成立塔工地区专员公署，辖林芝、米林、墨脱、雪巴、太昭、嘉黎和波密7县。

【照片档案 167】

图片说明：林芝青年训练队 10 名男青年合影

拍摄时间：1963 年 5 月

拍摄地点：林芝县真龙邦卡帐篷村

【照片口述】

  这 10 名男青年，平均年龄 17 岁。他们经过培训和多年实践，成为工作骨干，担任了县长、区长、局长等领导职务。

【照片档案 168】

图片说明：林芝青年训练队 6 名门巴族、藏族女青年合影，其中包括过去
　　　　　地位极其低下的所谓"鬼人"白玛旦达（后中）
拍摄时间：1963 年 5 月
拍摄地点：林芝县真龙邦卡帐篷村

【照片口述】

　　门巴族姑娘美丽可爱，她们热爱祖国，对解放军充满好感。在首批林芝青年训练队中有 5 名门巴族女青年和 1 名藏族女青年，她们是：

　　（前排从左到右）巴桑（藏族）、罗布加宗、布池；

　　（后排从左到右）罗布央宗、白玛旦达、扎西。

　　白玛旦达被誉为"地东之花"，她美丽漂亮，善良勤劳，但在昔日被污蔑为"鬼人"，无法接触常人。参加青年训练队以后，经介绍，与我军情报参谋旺杰结为夫妻，生活幸福美满。这正是：农奴制把人变成"鬼"，新社会把"鬼"变成人。

【照片档案 169】

图片说明：墨脱县人民代表会议代表合影
拍摄时间：1963年5月
拍摄地点：墨脱县马尼翁村

【照片口述】

　　为了表彰边防自卫反击战英雄以及研究墨脱县开展民主改革诸事宜，墨脱县（营）委于1963年5月召开了墨脱县人民代表会议。大会共35人参加，代表来自墨脱县各界，有广泛的代表性。

【照片档案 170】

图片说明：冀文正同珞巴族、门巴族猎人合影，图中人物为（从左到右）：普布刀杰（门巴族，猎人）、朱嘎（珞巴族，猎人）、冀文正（汉族，干部）、索朗刀吉（珞巴族，猎人）

拍摄时间：1957 年 7 月

拍摄地点：墨脱宗墨脱村

【照片口述】

在珞巴族的传说中，太阳的儿子"达西"（代表天）和月亮的女儿"亚姆"（代表地）结婚后生有五个儿子，老大是汉族，老二是藏族，老三为珞巴族，老四为门巴族，老五为僜人。

我军进驻墨脱后，当地群众都说："老大哥回来了！"他们欢迎解放军，拥护新中国。

进驻墨脱的我军政人员严格执行党的平等的民族政策和各项规定，尊重少数民族的风俗习惯，向群众宣传党的政策，教群众科学种田，免费为群众治病，通过一系列实际行动，得到了群众的信任和爱戴。大家亲如兄弟，共同为保卫和建设边疆而奋斗。

【口头传统】（珞巴族民间传说）

珞巴族民间传说：五兄弟

讲述人：安布，珞巴族，卡布村猎人
翻译、整理：冀文正
采录时间：1955年8月1日
采录地点：墨脱宗卡布村
流传地区：今墨脱县达木珞巴民族乡

听祖辈们讲，汉族人、藏族人、珞巴族人、门巴族人和僜人原来是同父同母的五兄弟。

很早以前，世界上到处都是水，浩瀚的海洋中有一个顶天的孤岛，叫"白马岗"，是隐秘的莲花蕊的意思。

那个时候，天上有九个太阳，热得地上冒火，水在减少，慢慢露出了好多平原和丘陵。世界就是这样形成的。

一个暴雨天，太阳的儿子达西和月亮的女儿亚姆同时降落下来。那时，地上没有树，也没有庄稼，更没有人和动物。他俩住在岩洞里，看天是蓝的，看水也是蓝的，景色美极了。他们结婚后五年连生五个儿子。没过几年，五兄弟都长大了。他们把头发撒落在地上，长出了茂密的森林，他们的粪便变成了群山，他们的尿汇成了条条溪流和湖泊，稻种是从仙鸟肚中种出来的，野牛、黄羊是指甲变成的。五兄弟从此不挖草根度日了，有粮食吃了，身上有树叶遮丑了，日子过得怪不错的。

可是，成群的野兽从面前跑过，就是逮不住。大哥（即汉族人）说，咱们没有肉吃，生活够苦了，咱们分家吧，各自想办法。老二（即藏族人）附和长兄的意见。三个弟弟再三劝说也没有挽留住大哥和二哥，他俩朝着树叶指的方向走去，向北方走去。二哥在波堆（即今波密一带）患病留下了。大哥聪明，身体也好，走了好多好多个"波乃阿尼"（二十个为一个波乃阿尼，是珞巴族人认为的最大数字）天，到了汉地的峨眉山，在那里住下了。大哥和二哥都与猴子结合后生了很多很多后代。

　　后来，我们珞巴族人和老四（即门巴族人）及老五（即僜人）也因不和，分了家。老四往西迁徙到门隅和朱隅，老五往东在察隅定居下来。我们的祖先不愿离开家乡，继续住在山洞里。有一次，我们的祖爷被藤绊了一跤，从中得到了启示，制成了弓箭，从此可以随心所欲地猎取野兽了，生活更好了，也更加热爱自己的家乡，在珞渝地区繁衍后代至今。

【照片档案 171】

图片说明：冀文正同珞巴族、门巴族两位猎人合影
拍摄时间：1957 年 8 月
拍摄地点：墨脱宗墨脱村

【照片口述】

　　珞巴族和门巴族只有语言而没有文字，因此，特别重视口头传承，他们对祖传的民间故事、神话传说大多都深信不疑。由于有"五兄弟的传说"，他们对汉族同胞十分友好。

　　我作为汉族干部，又精通藏语，识藏文，加上学会了珞巴语和门巴语，同群众无拘束地交流，采得大量民间文化资料。墨脱全县男女老幼都称我为"米米老冀"（老冀爷爷）。

　　几年的观察与实践，增强了我为珞巴族和门巴族呼吁申报成为单一民族的信心。我更加深刻地认识到：他们为开发和守卫边疆作出了卓越贡献，我更应感恩他们，把墨脱建设好。

　　我感恩的行动之一就是将他们浩如烟海的民间文学抢救和传承下去。我在"孤岛"生活 16 年，活得很开心。

【照片档案172】

图片说明:"热爱边疆,建设家乡"的口号成了墨脱县干部的实际行动,这是县委干部在驻地栽种香蕉树,美化环境

拍摄时间:1964年8月

拍摄地点:墨脱县马尼翁村

【照片口述】

墨脱气候温暖,十分适合香蕉生长。香蕉在这里长势很好,产量也高。香蕉丰收时,多得只有拿去喂猪。县委干部(左旺扎,右扎巴江措)在驻地栽种香蕉,既美化了环境,又改善了生活。

【照片档案 173】

图片说明：墨脱县小学学生课间操
拍摄时间：1996 年 10 月
拍摄地点：墨脱县墨脱村

【照片档案 174】

图片说明：祖国在我心中——墨脱县小学升国旗仪式
拍摄时间：1996 年 10 月
拍摄地点：墨脱县墨脱村

【照片口述】

中华人民共和国国旗是"中华人民共和国的象征和标志",热爱国旗就是热爱祖国,这对于处于边陲的墨脱显得更为重要。

墨脱第一小学坚持每天清晨,全校师生升国旗、唱国歌。

【背景资料】

过去受三大领主的压迫,广大门巴族、珞巴族人民被剥夺了受教育的权利和机会,他们曾长期被污蔑为没文化的"野人"。

经过几十年的发展,现在墨脱地区的教育格局已呈现立体结构,形成了较完善的体系。村有夜校,乡有小学,县有完小和初中,地区有普通高中和职业高中,自治区有各类专业技术学校和大专院校,内地22个省市开办的西藏中学和西藏班、西藏民族大学开办的边境县中学班和小学班,也面向珞巴族、门巴族等区内少数民族招生。

特别是中国共产党十一届三中全会以来,随着国家经济的发展,对教育的投入逐年增加,使民族教育的办学条件不断得到改善。人民政府还对包括珞巴族在内的少数民族学生实行义务教育和"三包"政策,即包吃、包住、包穿,充分体现了党和政府对少数民族的关怀。

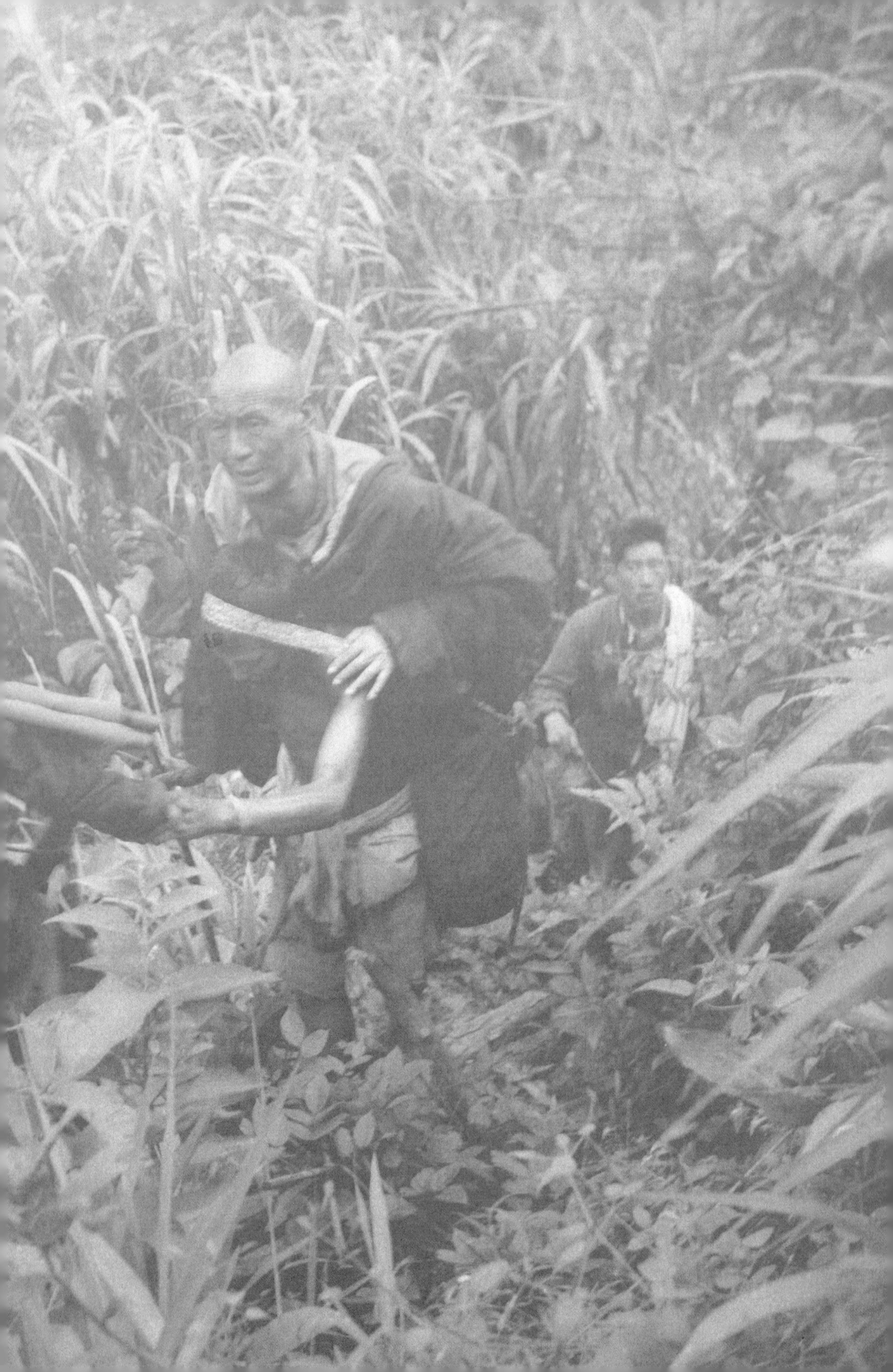

第七章
封建农奴制

1959 年民主改革前,西藏处于政教合一的封建农奴制统治之下,由官家、贵族和寺院上层僧侣三大领主组成的农奴主阶级对广大农奴进行极其残酷的政治压迫和经济剥削,西藏人民灾难深重、生存维艰,西藏社会陷入极度贫穷落后和封闭萎缩的状态。[1]

墨脱地区实行的封建农奴制存在着两大对立阶级,即领主阶级和农奴阶级。领主即波密土王、色拉寺等,其中色拉寺属于寺院领主。他们委派宗本及宗本指派的措本作为他们的代理人,对门巴族进行统治和剥削。在宗内,宗本掌握着政权和武装,对门巴族农奴有生杀予夺之权。即使是一个措本,也可以在他的辖区内滥施淫威。领主阶级占人口的极少数;农奴阶级是被领主奴役和剥削的对象,占人口的绝大多数。

墨脱门巴族人民备受领主的奴役和歧视。按等级划分,墨脱宗可分为三等:一为贵族阶级,即色拉寺上层喇嘛和宗本,他们是僧侣贵族及其代理人。在墨脱宗有特权和势力,地位最高。上层喇嘛和宗本多为

---

[1] 中华人民共和国国务院新闻办公室:《西藏民主改革 50 年》,(2009-03-02)[2017-09-23],http://www.china.com.cn/ch-book/node_7094609.htm。

藏族。二为一般阶级，差米、如米和约布属一般阶级。这个等级占农奴阶级中的绝大多数，人身依附于领主。差米、如米和约布在经济地位和社会地位中又有一定的差别。三是最低下的等级——"鬼人"，毫无社会地位，受到一般人的歧视。

乌拉即徭役——劳役地租，指为农奴主及其代理人宗本、措本等运送物资和完成其他杂役。它是基于农奴制下土地所有制而存在的一种劳力剥削形式。

波密土王统治墨脱期间，每年每个差要支达岗颇乌拉（长途乌拉）一次；撒仁乌拉（短途乌拉）13次以上。长途乌拉从墨脱宗出发，翻金珠拉或随拉到今波密县境内波夏瓦，往返一次需14天左右。短途乌拉是依站转运，波密土王的物资一到，有关的村庄就派农奴转运，一次约需1天时间。交差支乌拉是极为悲惨的，无数门巴族农奴为此冻馁坠河而死。解放前，墨脱宗交通极不方便，要往北去西藏其他地区，必须穿密林、攀悬崖、涉急流、翻雪山，方能越过喜马拉雅山。沿途许多地方根本无路，负重的门巴族农奴只能附着悬崖上的藤蔓和枝条，攀岩而过。这种"路"被称为"猴子路"，随时都有危险，许多农奴便是死于支乌拉的途中。

除了应支的乌拉外，农奴主代理人依凭权势，对农奴为所欲为，巧取豪夺，其手段无所不用其极。其中特别野蛮的如"背人差",它由社会地位极端低下的农奴担负。宗本外出时,由农奴用藤篾编成的椅子背着走,椅子上还垫上卡垫,安有脚蹬和手扶架。背的人不准直腰,中途不准休息。

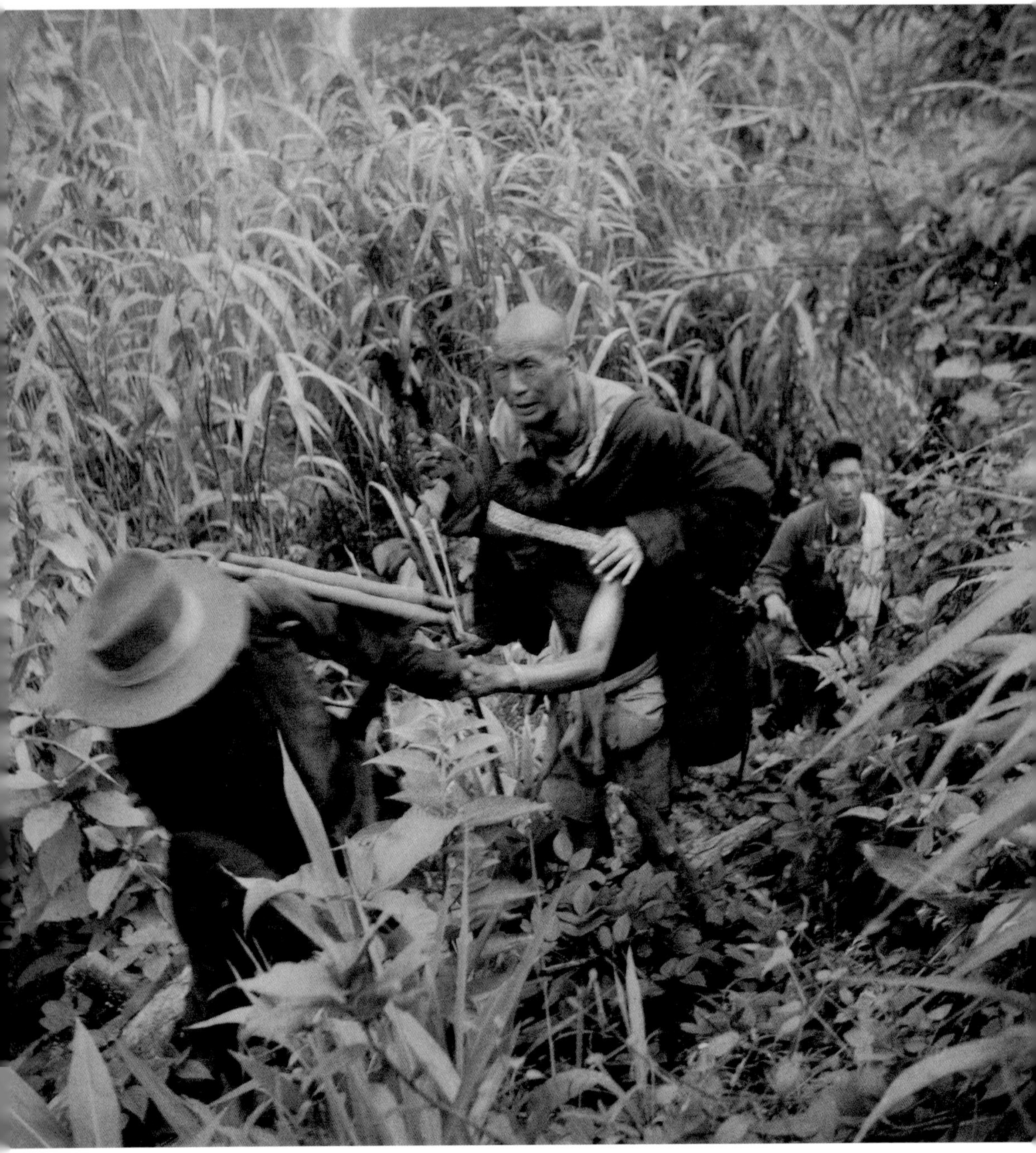

【照片档案 175】

图片说明：门巴族农奴背着墨脱宗新上任的第九任宗本扎巴顿珠翻山时，
　　　　　前面一个人拉着背运者的手艰难前行
拍摄时间：1957 年 7 月 14 日
拍摄地点：墨脱宗衣贡白山西坡

【照片口述】

　　封建农奴制是黑暗的、残酷的、落后的一种社会制度。由于派村处于交通要道，墨脱宗政府在此设有驿站，定了许多"规矩"，如不准墨脱宗的珞巴族人、门巴族人将背过山的土特产如干辣椒、木耳、黄精、香蕉、竹藤手工艺品及麝香、虫草、黄连等擅自出售，必须低价卖给宗政府收购站。人民对此恨之入骨，称宗本是"毒蛇"，官员是土匪。

　　在喜马拉雅山区仍保留着几百年前西方的"以人代畜"的交通方式。在墨脱的百年历史中，"人背人"制度盛行。背运一个人需要四个人轮换背运。广大农奴对此制度恨之入骨，敢怒不敢言。

　　封建农奴制下乌拉差役多如牛毛，多如翠竹，如规定每户每年上交茜草一背（约 40 公斤），还要无偿地背到则拉岗宗的派村（墨脱宗的驿站）。

【背景资料】

　　三大领主占有农奴的人身。旧西藏地方政府规定，农奴只能固定在所属领主的庄园土地上，不得擅自离开，绝对禁止逃亡。农奴世世代代依附领主，被束缚在庄园的土地上。凡是人力和畜力能种地的，一律得种差地，并支乌拉差役。农奴一旦丧失劳动能力，就被收回牲畜、农具、差地，沦落为奴隶。农奴主占有农奴的人身，把农奴当作自己的私有财产支配，可随意用于赌博、买卖、转让、赠送、抵债和交换。[1]

---

1 中华人民共和国国务院新闻办公室：《西藏民主改革 50 年》，(2009-03-02)[2017-09-23]，http://www.china.com.cn/ch-book/node_7094609.htm。

【照片档案 176】

图片说明：墨脱宗本扎巴顿珠上任时，从来不自己步行，由门巴族农奴背着翻越多雄拉山

拍摄时间：1957 年 7 月 14 日

拍摄地点：墨脱宗衣贡白山西坡

【照片口述】

1957年7月，西藏墨脱仍属封建农奴制度。我巧妙地拍下了多张"人背人"照片，成了历史，成了珍品，多次在国内外展出，受到好评，还得了两届国际金奖和银奖。

"人背人"图片是落后、野蛮与残酷的封建农奴制度的最好证明。在墨脱民主改革前一直实行着这种"人吃人"的社会制度。"人背人"需要4个背夫，均是农奴，无偿劳作。这张照片上的背夫是住在背崩村的门巴族农奴贡布。

这张照片被新华社1957年"留作资料"，并付了稿酬。后来，被广为采用。

【背景资料】

农奴主对农奴剥削的主要形式是包括徭役、赋税、地（畜）租在内的乌拉差役。仅西藏地方政府征收的差税就达200多种。农奴为地方政府和庄园领主所支的差，一般要占农奴户劳动量的50%以上，有的高达70%至80%。在封建庄园内，农奴主将土地分成两个部分：一大部分相对肥沃的土地，留作庄园的自营地；另一部分贫瘠的、边远的土地则是以奴役性的条件分给农奴使用的份地，农奴为了使用份地，必须自带农具、口粮，在庄园的自营地上进行无偿劳动，剩余的时间才能在自己的份地上劳动。在农忙或农奴主有事时，还要出人畜力无偿地为农奴主搬运物资、修建房屋，或做其他杂役劳动。除了庄园内差外，农奴还得给西藏地方政府及其下属机构支差，其中负担最重的是运输差，西藏地广人稀，交通不便，各种物资的运输全靠人背畜驮。[1]

---

[1] 中华人民共和国国务院新闻办公室：《西藏民主改革50年》，(2009-03-02)[2017-09-23]，http://www.china.com.cn/ch-book/node_7094609.htm。

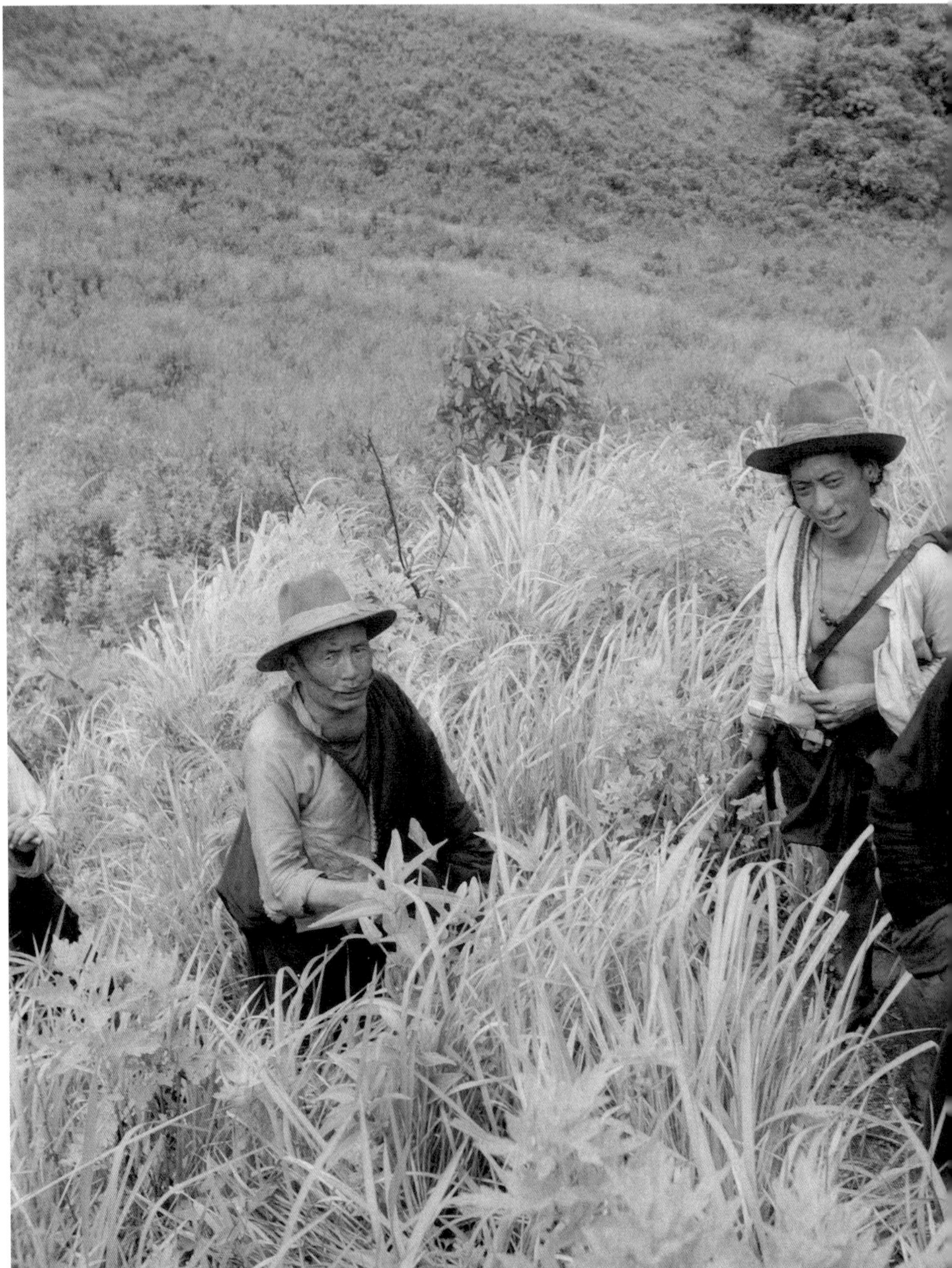

【照片档案 177】

图片说明：门巴族农奴背着墨脱宗本扎巴顿珠翻越喜马拉雅山的山路与丛林，前面有两个背枪的"阿珠"（保镖）开道

拍摄时间：1957 年 7 月 14 日

拍摄地点：墨脱宗衣贡白山西坡

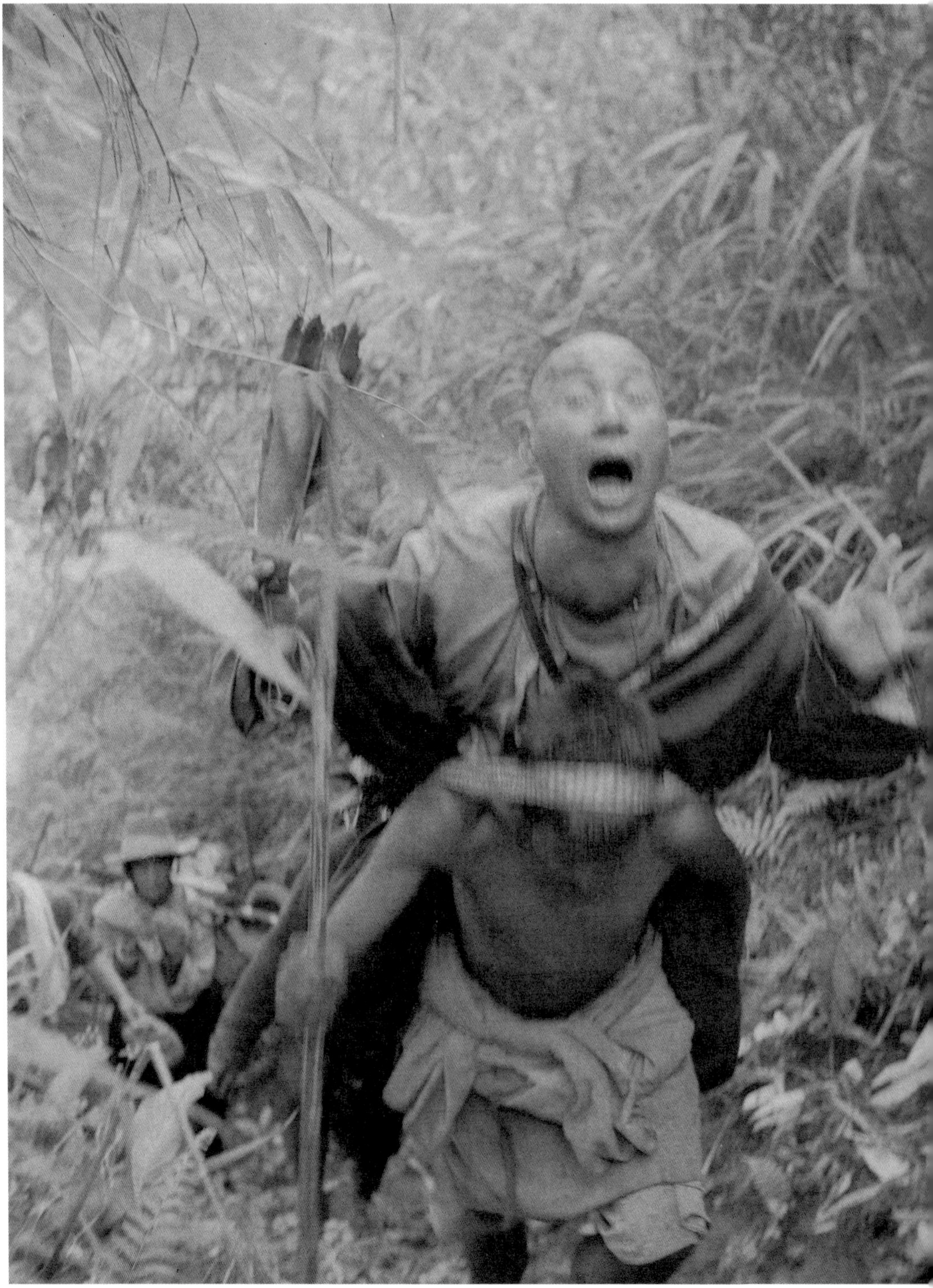

【照片档案 178】

图片说明：冀文正拍摄门巴族农奴背运墨脱宗本扎巴顿珠时，被扎巴顿珠看见，他当即吼道"不准拍摄"，此情景正好被冀文正记录下来

拍摄时间：1957 年 7 月 14 日

拍摄地点：墨脱宗衣贡白山西坡

【照片口述】

在西藏民主改革前，野蛮的封建农奴制度造成广大西藏人民在死亡线上挣扎，我们的眼泪往肚里咽，决心创造条件，早日埋葬这种"人吃人"的社会制度。我早就下定决心记录下它的罪证。为了拍摄这幅"人背人"的照片，我一共拍了18张，有农奴主捂脸的，有他们张牙舞爪的，可谓丑态万千。

农奴主害怕公布他们丑恶的面貌与行为，但我用图片总算为揭露农奴制度的真面目尽了一点力。后来，我拍摄的"人背人"的图片被许多客观介绍西藏历史的书籍和辞（词）典收录。

【照片档案 179】

图片说明：门巴族背夫背着墨脱宗本扎巴顿珠前行，他的保镖"主动"在
　　　　　前面挡住拍摄镜头

拍摄时间：1957 年 7 月

拍摄地点：墨脱宗

【照片口述】

　　农奴主害怕暴露、揭露他们"人吃人"的所谓"美妙的""神圣的"制度，不准我拍照，利用一切机会和条件阻止我拍照。但我还是记录下"人背人"的历史事实。

　　"人吃人"的剥削方式，给墨脱广大农奴带来无限痛苦，也造成了许多人间悲剧。一首珞巴族民歌唱出了亲人对背夫的思念：

　　雄鹰飞向远方，雌鹰随同前往。情人背人去工布，他把心留我珍藏。

【口述文献】

"人背人"的农奴制

讲述人：冀文正
整理：焦虎三

被誉为"西藏江南"的墨脱地区，按想象推测，那里海拔低、雨量充沛、四季如春、物产丰富，人民的生活总该富裕些吧！但现实却与此相反。

1952年8月，我目睹了一名逃跑的奴隶被抓回，遭农奴主毒打的场面。这位善良而有勇气的反抗者，被倾多宗本鞭打后割断双脚的脚筋，造成终身残疾，只能匍匐乞讨，命运悲惨。

那时，在珞巴族和门巴族农奴家里，仅有斧头和砍刀是铁质的（刀耕火种不能缺少这两种工具），其余的从木棒戳洞下种、竹竿夹穗收获到木臼舂米，工具全是木质的；脱粒用脚踩、运输靠人背。最令人痛心的是：繁忙而宝贵的7—9月农忙季节，却被三大领主的乌拉差役占去，庄稼地成了野兽的家，劳动果实被糟蹋殆尽。人还没有喘过气来，又被无偿派往其他地方背送物资。每年下半年每户至少要支远差4至6趟，每趟需时半月有余。贪得无厌的农奴主不管群众死活，在喜马拉雅山封冻后，还强迫农奴支差，翻山去工布和波密背运。衣着单薄、短裤赤脚的背夫，怎能抵御零下几十度的严寒？雪山上留下了不计其数的尸骨。

简单列举几个数字：

1937年支远差冻死39人；

1943年支远差冻死32人；

1948年支远差冻死28人；

1950年和1951年支远差分别冻死23人和19人。

年年都有冻死背夫的现象。所以，珞巴族人和门巴族人称农奴主叫

"毒蛇"，称多雄拉和金珠拉雪山为"死山"。据粗略统计，在不足半个世纪的时间里，墨脱人口减少了近四千人。

"人背人"是封建农奴制度下墨脱地区的一个特殊产物，也是谁看了都会忍不住流泪的情景。我曾多次目睹过"人背人"的场面，早就下决心要把它拍摄下来，公布于众，但由于所背官员的不满而未能如愿。1957年7月，我从林芝开会返回墨脱，13日至17日在途中巧遇返宗上任的扎巴顿珠宗本。他们一行8人，其中持枪保镖3人，珞巴族和门巴族背夫各2人，他们叫贡布、桑扎巴、洛珠和蒙希。那几天我详细观察了"人背人"的过程。一块4指宽2尺长的木板，两头刻有凹沟；一根4指宽、长约1米的藤篾编织带拴于木板两头，被背者坐在木板上，双脚向后弯曲，胳膊置于背夫肩上，藤带则箍在背夫额上。背夫手持一根拐杖，吃力地匍匐往前挪动脚步，移动200米左右换人背负。若是爬坡上山，一前一后有人推拉，不足百米另换人背。

俗话说："背活人，累死人。"背夫汗流浃背，面色紫黑，一天下来，疲惫不堪。而政府大小官员、寺庙大小喇嘛和地头蛇们则从来是脚不沾地的。他们强迫农奴无偿背送他们，群众对此恨之入骨，敢怒不敢言。

我总共拍了18张照片，多数照片画面上的宗本不是低头遮脸就是仰面看天，不是张牙舞爪便是龇牙咧嘴，不是双手捂脸就是双手遮住镜头。那时，我一个月的工资仅够买5个120黑白胶卷。为拍摄"人背人"耗去了近两个胶卷，但我在所不惜，总算实现了我的夙愿。7月15日攀爬陡峭的衣贡白山时，我隐藏在路边的大石旁，悄悄地拍下了照片。1958年，"人背人"这张照片由新华社发稿。其中一名背夫叫贡布，门巴族，现住墨脱县背崩村。我1988年故地重游时，特地送给他这张照片，他双目凝视许久，流着热泪说："从前的苦日子不能忘记呀！"他把这张照片夹在玻璃相框里又说了一句："让后代们看看旧西藏是个啥样子！"

附录一
深入大峡谷

和平解放是西藏历史发展的一个重要转折点。按照《十七条协议》及附件一的规定,从 1951 年 9 月到 1952 年 6 月,以十八军为主的各路进藏部队先后到达拉萨,进驻(抵)太昭、江孜、日喀则、山南隆子宗、亚东、察隅、改则等国防重镇,完成了进军西藏的任务,结束了西藏 4000 多公里边境线上长期有边无防的历史。[1]

1951 年,西藏和平解放时,中国人民解放军派出小分队来到墨脱宗。小分队在墨脱村旁边建立了营房,他们的主要任务是了解情况,争取门巴群众,维护祖国统一。1957 年,驻墨脱村附近的人民解放军奉上级指示撤走。[2]

政治上必须讲究大局,有进有退。我们响应党中央对西藏的政策,在全区进行"保路保命"的精减运动。我们白马岗工作队于 1957 年 7 月撤离墨脱。此后,墨脱仿佛是"空白"地区,变成叛匪流窜的通道。

1959 年西藏平叛改革开始。墨脱县委、县政府成立。我当时住在米林县派区,该区的工作也由墨脱县管辖,这样一方面便于锻炼墨脱干部,培养人才;另一方面也是减轻米林县的工作压力。当时,墨脱干部在米林县派驻三个乡,即

---

[1] 中华人民共和国国务院新闻办公室:《西藏和平解放60年》,(2011-07-11)[2017-09-23],http://www.scio.gov.cn/ztk/dtzt/54/7/Document/954448/954448_1.htm。
[2] 王丽平主编:《墨脱村调查》,中国经济出版社2012年版,第13页。

达娘乡、派乡和达图卡乡。这三个乡既是通往墨脱的要道，也是通向大峡谷的谷口。

1962年6月5日深夜1点钟，驻军一五八团团长鲁之东接总参急电。他通知县委廖忠义副书记和县委常委兼办公室主任的我速到团部开会。鲁团长念了总参急电，大意是据可靠情报，印军拟于6月10日侵占我白马岗地区。一五八团务必于6月10日零时占领月儿冬垭口。经紧急研究，我们决定6日强行进军墨脱。

总参急电改变了我们原来的行动计划。原定待喜马拉雅多雄拉山口开山（时间只限7至8月间）后，于1962年7月间边进军边修路，进入墨脱。敌人的侵略预谋促使我军冒着大雪提前向墨脱强行进军。

按以往正常情况，从派村至月儿冬村至少需要5天时间。但在我们工作组撤出墨脱后，败溃叛匪流窜，祸害一方，各地人员之间几乎无法来往。据我们掌握的情况，该条道路上的所有桥梁、溜索以及藤索桥全被叛匪破坏，无法使用，面对天险，无路可行。但任务紧急，我们决定5日准备，6日行动。

6日，一五八团两个连作先遣连，由一五八团团长鲁之东率领，我也参与其中。一个连负责行军开路；一个连负责修路架桥、运送物资。7日急行军翻越大雪山，8日架桥两座，9日下午抵达阿尼河。由于时间紧急，无桥梁供大部队通行，决定由情报参谋康同玉和我先带领15名尖兵，轻装从藤溜索上滑过去。

午夜，我们尖兵部队胜利收复月儿冬村，俘获叛匪18名。提前11个小时到达战区，受到总参嘉奖。

【照片档案180】

图片说明：则拉岗宗派村
拍摄时间：1956年2月
拍摄地点：则拉岗宗派村

【照片口述】

派村位于今米林市最东的一个乡（今属派镇），这是一个大村落，有藏族48户。墨脱宗在此设有驿站。此村是从西路通向墨脱的第一村，海拔1800米。

图中远方山脉即雄伟的南迦巴瓦峰。

【背景资料】

米林市地处西藏自治区东南部，林芝市西南部，雅鲁藏布江中下游，念青唐古拉山脉与喜马拉雅山脉之间，东南部与墨脱县相连，西部与朗县相接，北部与巴宜区、西北部与工布江达县毗邻，南部与隆子县相连。地势西高东低，平均海拔3700米。属高原温带半湿润性季风气候。总面积为9471平方千米，其中耕地面积4.4万亩，森林面积480万亩。总人口2.3万人，今辖3镇5乡（其中一个民族乡）。

今市政府驻地米林镇，距自治区首府拉萨市480千米，距林芝市政府所在地巴宜区72千米，隶属林芝市，米林镇是米林市政治、经济、文化、交通的中心。

【照片档案 181】

图片说明：则拉岗宗派村
拍摄时间：1956年2月
拍摄地点：则拉岗宗派村

【照片口述】

从派村向东翻越喜马拉雅山脉的多雄拉雪山即可抵达墨脱宗。从派村向北沿雅鲁藏布大峡谷也可抵达墨脱，但山高水深，绝壁林立，道路十分艰险，无人往来。

【照片档案 182】

图片说明：冀文正翻越多雄拉山时的情景

拍摄时间：1957 年 7 月

拍摄地点：墨脱宗

【照片口述】

图中是我第 5 次徒步翻越喜马拉雅山的多雄拉山（从扎木翻越喜马拉雅山的金珠拉到墨脱往返了 3 趟）。我一共徒步翻越喜马拉雅山 28 次，其中走多雄拉山最多，达 23 次，所以，我对喜马拉雅山有特殊的感情，情有独钟。

【照片档案183】

图片说明：我军战士从则拉岗宗鲁霞村渡过雅鲁藏布江到派村集结，再翻越多雄拉山到墨脱

拍摄时间：1959年8月

拍摄地点：墨脱县

【照片口述】

　　一五八团及早着手进军准备，各部队逐步向派村集结。这是一个班乘坐独木舟，横渡雅鲁藏布江，向派村汇合。

【照片档案 184】

图片说明：我军强行翻越多雄拉山垭口向墨脱挺进
拍摄时间：1962 年 6 月 7 日
拍摄地点：墨脱县多雄拉山

【照片口述】

　　按照西藏工委和西藏军区党委工作安排，1962 年雪山开山（限在 7、8 月份）后，大部队进军墨脱。进军墨脱的一五八团部队，6 月 6 日部队启程，夜宿松林口的树下。7 日凌晨 5 时出发，开始攀登喜马拉雅山多雄拉山口。当时，大雪深 20～30 米，又值冰雪融化，路面湿滑，雪崩频发，难以行走。英勇的战士不畏艰难，终于登上了海拔 4530 米的多雄拉山山顶。

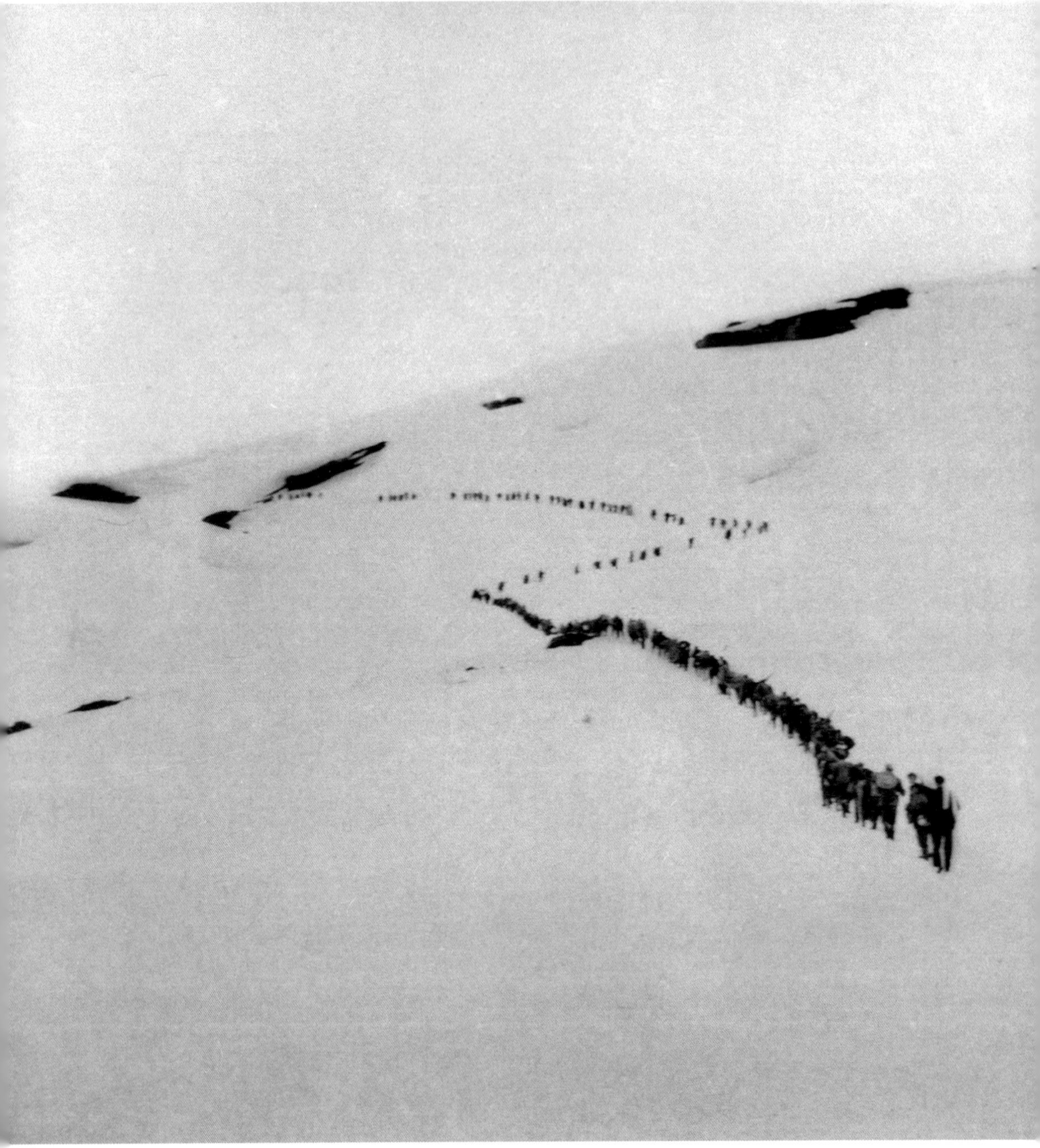

【照片档案185】

图片说明：我军官兵挺进多雄拉垭口

拍摄时间：1962年6月7日

拍摄地点：墨脱县

【照片口述】

6日凌晨4时，部队开始进军。先头是一、二连，及地方干部10人。另两个连作后续部队，在后方架桥修路，接力向前方运送物资。

6日晚部队住多雄拉山西坡，均露营野地，大雪山上十分寒冷，不少战士只好整夜双足不停运动，无法入眠。7日晨7时，大部队胜利翻越大雪山，雪盲伤者不少，也有少量摔伤者。

一般而言，要翻越多雄拉雪山，昔日年年、次次都有死亡现象。据我粗略调查了解，1937年冻死39人，1943年冻死32人，1948年又有28人当场死于严寒，1950年和1951年又分别冻死23人和19人。故该山被珞巴族人民称为"死山"，门巴族人称之为"毒蛇山"。我军大批人马安全翻越大雪山，途中只有少数人冻伤，部分雪盲，完全做到了"零死亡"，创造了一个奇迹。

【背景资料】

垭口在《辞源》里的解释是"两山间的狭窄地方"，也可以说是高大山脊的鞍状坳口；在地理意义上是指山脊上呈马鞍状的明显下凹处或两座山峰交会的地方。天然垭口往往形成交通的便利通道。

【照片档案 186】

图片说明：我军官兵翻越雪山时，体力好的官兵主动扛体力弱者的枪
拍摄时间：1962 年 6 月 7 日
拍摄地点：墨脱县多雄拉山山顶（海拔 4530 米）

【照片口述】

　　翻越多雄拉大雪山，既危险，体力消耗又大。战士们在山顶负重 1 公斤相当于在林芝（平均海拔 3100 米）背负 20 公斤的体力消耗量。当时，战士们人人负重都在 40 公斤以上，行走在雪山上，真是步步艰难。人民军队是个平等、友爱的大家庭，官兵亲如一家，互相帮助成为常态。在翻越多雄拉大雪山山顶时，体力好的战士总是主动给体力弱者减负，"抢枪"的画面随处可见。

【照片档案 187】

图片说明：我军官兵进入荆棘丛生的乱石坡

拍摄时间：1962年6月8日

拍摄地点：墨脱县

【照片口述】

徒步去墨脱，真可谓"走在生与死的路上"。中途不少险道完全是直上直下，前面攀翻者的脚不注意，就可能碰着下边攀翻者的头。为了顺利完成任务，提前到达战区，大无畏的英雄战士们穿激流、攀悬岩、滑悬梯，终于胜利抵达目的地。

【照片档案188】

图片说明：我军官兵越过荆棘丛生的乱石坡

拍摄时间：1962年6月9日

拍摄地点：墨脱县

【照片口述】

为了粉碎敌人的侵略与扩张，我军官兵克服重重困难，披荆斩棘，一步步艰难行走在生死路上。

翻越大雪山后，困难更多。道路常年失修，杂草丛生，根本无路可走。所有大小桥梁均被叛匪砍断破坏。为了急行军，大家带的衣服与物资适应不了环境的变化，挨饿挨冻，蚂蟥叮咬，但士气高昂的队伍战胜了一个又一个困难。9日下午，由我和康同玉率领15名战士，轻装上阵，历时8个小时，终于在1962年6月9日夜11时43分提前11个多小时抵达月儿冬战区，平时需5天的路，此次仅3天便神速到达。因我军提前抵达，彻底粉碎了敌人的侵略阴谋。此一行动受到总参两次全军通报嘉奖。

【照片档案 189】

图片说明：更仁村一角
拍摄时间：1962 年 11 月
拍摄地点：墨脱县

【照片口述】

  更仁村位于非法的"麦克马洪线"上，分为上、下两村，共 89 户，全系门巴族，一直属原墨脱宗达岗措管辖。

【照片档案190】

图片说明：更仁村
拍摄时间：1962年11月
拍摄地点：墨脱县

【照片口述】

　　自1914年西姆拉会议后,先由英国殖民主义者,后由印度扩张主义者步步蚕食了我国"下珞渝"的9万平方千米领土。更仁村系纯门巴族村落,是原属墨脱县5个措(区)之一的达岗措管辖的最北的一个村庄,与我方控制的希让村相邻。

【背景资料】

　　英国在19世纪中叶控制了整个印度之后,又一步步进逼,力图攫取青藏高原,进一步称霸世界。其先后于1888年、1903年两次发动了侵略西藏的战争。1904年攻陷拉萨,大肆烧杀抢掠,迫使清朝中央政府和拉萨地方政府签订了丧权辱国的拉萨条约。

　　英国殖民者为了干涉中国内政、侵吞西藏,又于1913年10月—1914年7月在印度的西姆拉(今喜马偕尔邦境内)召开了"西姆拉会议",英国政府代表、英印殖民政府外交政务秘书H.麦克马洪在会上炮制了划分中国西藏与英属印度之间边界的非法的"麦克马洪线"。

　　这条所谓的边界线西起不丹境(东北),向东延伸至我国西藏、云南和缅甸接壤之处,包括我国门隅、洛瑜、察隅在内,把历来属于中国,面积达9万平方千米的地区划归当时英国统治的印度。在英国和西藏地方秘密换文以后的长时间内,英国既不敢公布有关的文件,也不敢改变地图上关于这段边界的历来画法。23年后才被塞进一本冒充是民国18年(1929)出版的条约集里,方为世人所知晓。历届中国中央政府从未批准或承认该线,并且曾就英国对该线以南地区的逐步入侵向英国和以后的印度政府多次提出抗议。[1]

1　王尧,陈庆英:《西藏历史文化辞典》,浙江人民出版社1998年版,第170页。

【照片档案191】

图片说明：更仁村印方非法修建的寺庙

拍摄时间：1962年11月

拍摄地点：墨脱县

附录二
大峡谷之子（摘选）

焦虎三

由于珞渝地区长期与世隔绝，当时的居民对外来者普遍抱有一种担心与恐惧的心态。在1954年冀文正进入墨脱之前，关于此地与外来文明的接触，是在1943年，一个英国摄影师歪打正着闯入了这片"世外桃源"的边缘地带，双方开始还相安无事。当那名摄影师心痒痒地拿起照相机器，飞快按动快门时，灾难降临到他的头上。愤怒的珞巴族人纷纷挤上前来，指责他手拿妖物，把当地人的命运和福气偷走了，并说谁的头像被装入这个妖物中，谁就会短命。他们砸烂了英国人的相机，下达了"送客令"。在几个手持弓箭，弓上箭头沾满剧毒的青壮年"护送"下，这位万幸保了一条命的英国人，胆战心惊逃离了这片土地。

当冀文正背负背包、干粮，怀揣一本手抄的藏汉词典，经过7天艰苦跋涉，翻过高高的多雄拉雪山，从波密进入墨脱卡布村时，首先映入他眼中的，是一片死气沉沉的村寨。所有的民居门窗紧闭，村里毫无生气。原来，珞巴族、门巴族人听说汉族人进了墨脱，纷纷带上长矛、毒箭等武器躲进山上的大森林中，并准备看好时机，随时下山赶走他。

面对九死一生的处境，冀文正没有贸然闯入任何一户人家，他夜宿香蕉树下，饿了挖野菜充饥，渴了喝村外小溪中的流水。这一切善意的举动，让在暗处偷偷观察着他的珞巴族、门巴族人很快便打消了戒备心理。几个胆大的年轻人，小心翼翼从村外向他走来。老先生至今还记得这次历史性的相会，他始终微笑着，用不太标准的藏语反复向对方示好。

珞巴族、门巴族人天性淳朴友好，从来夜不闭户、路不拾遗，当村中的居民慢慢地接纳了这个同样友善的汉族人后，神秘而原始的珞渝文化之旅就在冀文正眼前毫不费力地打开了大门。卡布村生活与生存条件极为艰难，当地人生病特别多。以前，他们完全靠神汉、巫婆祛病消痛，当为了更好完成任务自学了医术的冀文正从背包中为他们拿出一粒粒小的药片时，当地人对这种神奇的白色小片片备感惊奇。"那些药片他们一吃下去病就好了。神汉、巫婆被现代科学打跑了，我也获得了村民的完全信任。"

1954年的某一天，当冀文正手拿他用省吃俭用的500块钢洋买来的"乐莱福莱斯"相机面对珞巴族、门巴族人第一次按下快门时，所有的村民都乐哈哈地跟在他的身后，没有一个人上来砸他的相机。因为在他们心中，早把这个和他们同劳动同生活，而且还在自学珞巴族、门巴族语言的汉族人，看成了自己的亲人。

从此，卡布村那些秘不示人的风俗风情、神秘的宗教仪轨，历史上第一次被真正摄入镜头。"珞渝地区交通落后，至今仍是全国唯一不通公路的县。我就托朋友在拉萨给我买胶卷，双爱克斯的胶片，5元一筒，我那时每月工资只有20元，大多用在了这上面。存好钱集中买一次，然后叫当地老乡翻过喜马拉雅山背进来。"在冀文正家中，我看见了他保存完好记录着珞渝文化历史的老胶卷，码放得有半人多高，数量竟达500多筒。在他收集的珞巴族、门巴族人文资料中，更为珍稀的是上千盘录音磁带。现在，当年给他口述那些传说与故事的老人纷纷作古，珞渝文化本来就只有语言没有文字，这些人文之音，现在已成为独一无二的"绝唱"。

【照片档案 192】

图片说明：进军西藏前与战友合影
拍摄时间：1950年2月12日
拍摄地点：四川省乐山县（今乐山市）

【照片口述】

　　我于1954—1970年在墨脱工作期间，利用工作闲暇，忙里偷闲采得200多万字珞巴族、门巴族民间文学资料。在整理过程中，我深感未知数太多，很有必要再次故地重游采风，于是，机会来了。1988年5月被区委批准离休，我于7月雪山开山后，随即前往墨脱，之后的1991年和1996年又两次重返墨脱采风。这几趟是有计划、有目的、有提纲的，因此，采得了大量珍贵的民间文学资料，累计达500多万字，编著28本书稿，其中已出版了22本。

【照片档案 193】

图片说明：冀文正部分书稿
拍摄时间：2017年
拍摄地点：成都市冀文正寓所

【照片档案 194】

图片说明：冀文正离休后第一次重返墨脱，第 23 次徒步翻越多雄拉雪山时的情景

拍摄时间：1988 年 7 月

拍摄地点：墨脱县

【照片口述】

  大峡谷内一年只有 7、8、9 三个月可以通行，其余时间全为"雪封山"期，人畜不能通行。这个季节，孟加拉湾台风云系气流沿着山谷急速向北输送，与在喜马拉雅山脉活动着的藏北冷空气相遇，造成山顶巨大的气流，它可以将人像鸡毛那样刮走。茫茫大雪中，能见度不足 5 米。我曾经徒步翻越喜马拉雅山 28 次，仅翻越多雄拉雪山就达 23 次，其中有 3 次在多雄拉山口遇到了这种险境，中午之后大峡谷中形成浓浓的大雾和能吹倒人的飓风，让我的身体在空中左右摇晃。

  我在墨脱县工作了 16 年（1954—1970 年），徒步攀爬喜马拉雅山 22 次，1988 年离休后，又于 1988 年、1991 年和 1996 年 3 次故地重游，采风拍电视。最后一次已经 65 岁了，在封山季节待了 8 个月，采得了大量民间文化资料，也打破了当地"50（岁）不翻山"的纪录。

【照片档案195】

图片说明：冀文正离休后第一次重返墨脱，在马尼翁村自己亲手种植的香蕉树下留影

拍摄时间：1988年7月

拍摄地点：墨脱县

【照片口述】

　　墨脱是我的第二故乡，我爱墨脱。

　　我的小女儿"莲花梅朵"（冀伟红）1968年5月就出生在墨脱县马尼翁村。

【照片档案196】

图片说明：冀文正和女儿冀伟红合影

拍摄时间：1983年7月

拍摄地点：西藏自治区民政厅

【照片档案 197】

图片说明：冀文正同门巴族老大爷在他家的吊脚竹楼前

拍摄时间：1988 年 7 月

拍摄地点：墨脱县

【照片口述】

门巴族普布刀杰，是"仲肯"（故事家）。他精通门巴族民间文学，从 1955 年起就是我的挚友，向我讲述了许多鲜为人知的民间文化。

他还是个优秀猎人，过去他家副业收入三分之二靠狩猎。

【照片档案 198】

图片说明：冀文正离休后第二次翻越多雄拉山进入墨脱县
拍摄时间：1991 年 7 月
拍摄地点：墨脱县

【照片口述】

　　墨脱是我的第二故乡，我于1954年至1970年在这里工作了16年。"孤岛十六年"锻炼了我，冶炼了我，成长了我，让我获益颇丰，对我的人生观、世界观和价值观的形成起了重要作用，夯实了基础。

　　"孤岛十六年"让我深深感到，在这恶劣的环境里，珞巴族、门巴族人民战胜了各种困难，代代繁衍生息在这遥远的边疆。他们开发了祖国的边疆，并守卫了祖国的边疆。这是他们对伟大祖国的重要贡献。

　　边疆人民是聪明睿智的，创作了浩如烟海的民间文学，我1988年离休后又于1991年和1996年三次故地重游，采得大量民间文化资料。这里的文化被称为"珞渝文化"，是中华文化的重要组成部分。

【照片档案 199】

图片说明：冀文正离休后第二次翻越多雄拉山，在途中巧遇失事的黑鹰直升机残骸

拍摄时间：1991年7月

拍摄地点：墨脱县

【照片口述】

　　1988年5月20日，一架执行任务的军机在即将飞越过多雄山顶（还有200余米）时，被从南方吹来的孟加拉湾飓风挡于山腰打转转，最终撞入雪山中。

【照片档案 200】

图片说明：冀文正离休后第二次到墨脱，在汗密"孤岛宾馆"留影

拍摄时间：1991 年 7 月

拍摄地点：墨脱县

【照片口述】

　　前往墨脱要翻喜马拉雅山的 4 个山口，其中从西路翻多雄拉山口的居多。从米林县派村到墨脱宗第一村——衣贡白村，行程 5 天，中间没有村落，更没有"招待所"与"驿站"。第一天住山西坡大树下，第二天翻过山住在岩洞里（我住过 23 次），第三天到达一个叫"汗密"的地方，原有一茅草棚，供人住宿，可容纳 20 人伸腿睡觉。从 1963 年起，林芝军分区在此建一仓库，名曰"汗密站"，从林芝运进的物资均堆放在仅有 5 间 200 平方米的库房里。另有一间木棚，可住下 20 多人。守护仓库仅 2 人，属"袖珍"仓库。

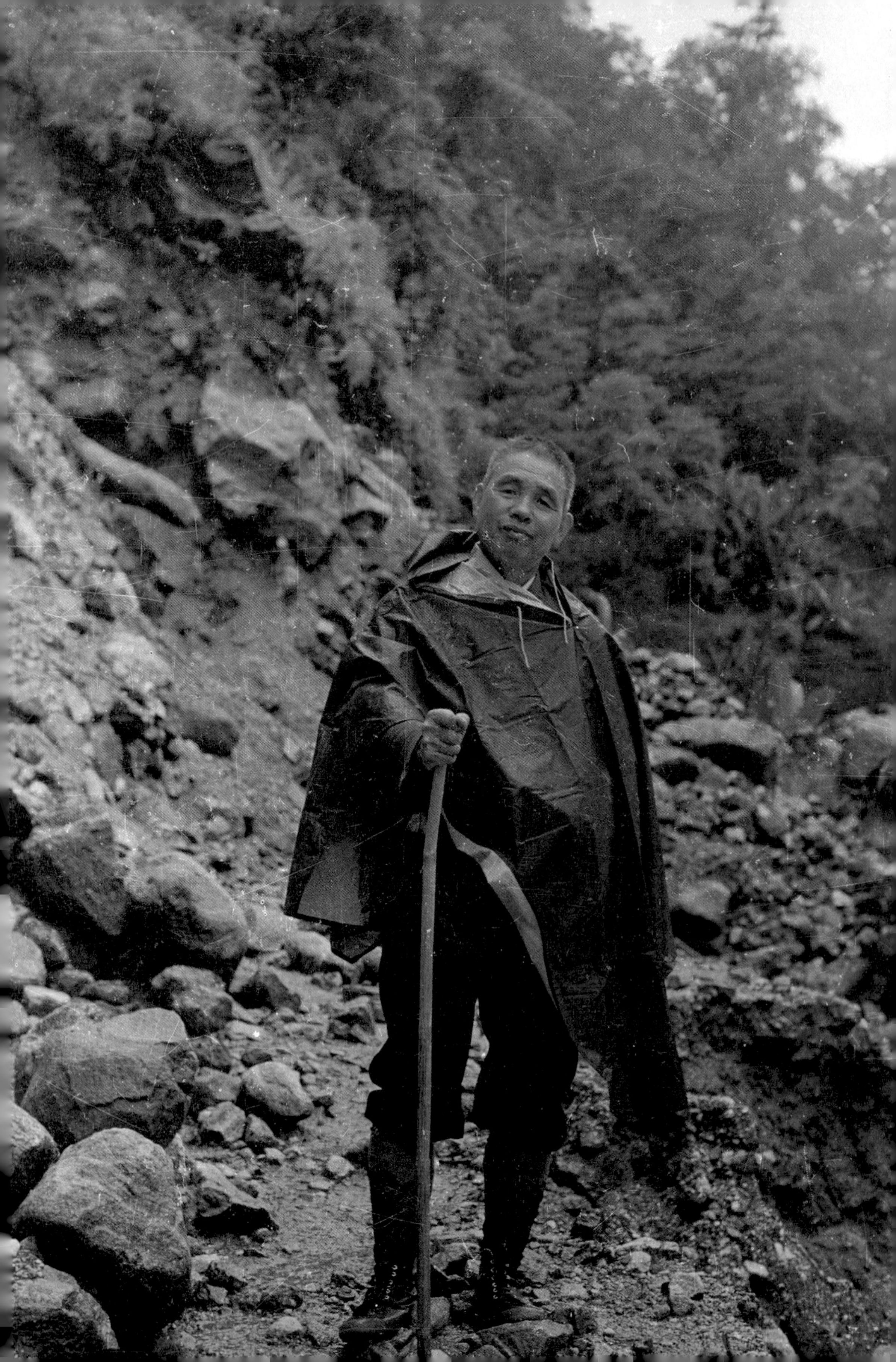

【照片档案 201】

图片说明：冀文正翻越多雄拉山经过塌方段到墨脱搜集资料

拍摄时间：1991年7月

拍摄地点：墨脱县

【照片口述】

　　从腹心地区通往墨脱的路有5条，从西线的米林县派乡（今米林市派镇）翻多雄拉山至墨脱是最便捷的"大道"，一般多通过此线进出墨脱，至今如此。从派村至墨脱县城原来是徒步行走7天，第一天住山西腰间，第二天翻越多雄拉山顶至山脚，夜宿岩洞，第三天到"汗密"两间简易草房，第四天抵达大江边的背崩村，第五天抵达亚让村，第六天抵达墨脱县城——实际只有82户人家的村落。

　　通往墨脱的道路还有嘎隆拉（扎墨公路经过此线，遂拉至加热萨，金珠拉从波密达兴翻此山抵达金珠）。另一条是沿雅鲁藏布江东下至卡布村，1950年大地震前，还有不少人艰难地冒险往来。大地震后成了"朗切"（断路、绝路），极少冒险者敢越雷池一步，仅在雪封山期，人们才不得已冒险通过这段险路。我1997年从珞果村步行3天才到达巴玉村（两村之间直线距离只有10千米）。

【照片档案202】

图片说明：冀文正经过"老虎嘴"
拍摄时间：1991年7月
拍摄地点：墨脱县

【照片口述】

从汗密向下去墨脱，首先遇到的是"工布拉"大悬崖。这堵悬崖长1500米，岩高千米，坡度极陡。原来从山腰修了一条只能放下一只脚的小道，危险至极。后来，我解放军和群众合力从山脚修了马行道。图为冀文正艰难越过"老虎嘴"。

【照片档案203】

图片说明：冀文正在墨脱县解放大桥留影
拍摄时间：1991年7月
拍摄地点：墨脱县

【照片口述】

原来，翻过多雄拉后，顺白马希仁河直下到江边，然后再多走两天才能过到江东。1965年，解放军在白马希仁河入大江处架了钢索吊桥，人马通行，名曰"背崩解放大桥"，方便多了。

【照片档案 204】

图片说明：冀文正穿越藤索桥到雅鲁藏布江对面的村庄采风

拍摄时间：1991年7月

拍摄地点：墨脱县

【照片口述】

  原来墨脱没有木桥，更没铁桥，都是藤索桥（全县仅5座）和10条藤溜索。这是"荷扎"藤索桥，相当别致，不用一个铁钉，是珞渝群众聪明智慧与技艺的结晶。

【照片档案205】

图片说明：冀文正离休后第三次重返墨脱，徒步翻越嘎隆拉雪山口

拍摄时间：1996年9月

拍摄地点：墨脱县

【照片档案206】

图片说明：冀文正离休后第三次重返墨脱，在嘎隆拉雪山下的扎墨盘山公路上留影

拍摄时间：1996年9月

拍摄地点：墨脱县

【照片口述】

　　我一生徒步翻越喜马拉雅山28次，其中翻金珠拉3次，嘎隆拉山1次，多雄拉山3次，果布拉1次。最有意义的有两次：1954年21岁的我翻金珠拉去墨脱工作；1997年我64岁时翻果布拉，贯穿大峡谷一直走到318国道上的排龙。

【档案资料】

墨脱县

西藏自治区墨脱县是雅鲁藏布江流经中国境内的最后一个县,境内的居民主要为门巴族和珞巴族。雅鲁藏布大峡谷主体段在该县境内。墨脱县是西藏高原海拔最低、气候最温和、雨量最充沛、生态保存最完好的地方之一。

"墨脱"一词在藏语中意为"隐藏的莲花",墨脱县历史上有"珞渝白马岗"之称。

至 2024 年,墨脱县辖 1 个镇 7 个乡 45 个行政村、1 个社区。县政府驻墨脱镇。(数据来源:墨脱县人民政府网 2024 年公布信息)

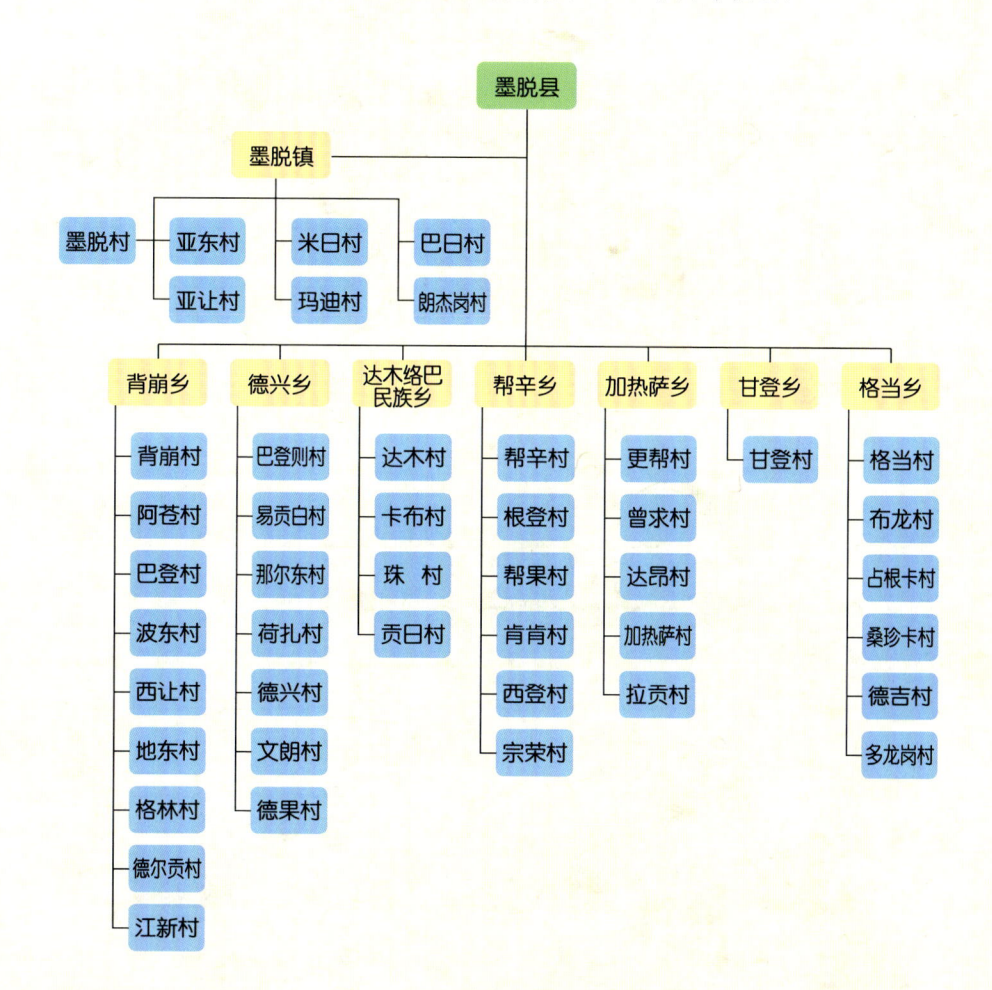

墨脱县
- **墨脱镇**:墨脱村、亚东村、亚让村、米日村、玛迪村、巴日村、朗杰岗村
- **背崩乡**:背崩村、阿苍村、巴登村、波东村、西让村、地东村、格林村、德尔贡村、江新村
- **德兴乡**:巴登则村、易贡白村、那尔东村、荷扎村、德兴村、文朗村、德果村
- **达木珞巴民族乡**:达木村、卡布村、珠村、贡日村
- **帮辛乡**:帮辛村、根登村、帮果村、肯肯村、西登村、宗荣村
- **加热萨乡**:更帮村、曾求村、达昂村、加热萨村、拉贡村
- **甘登乡**:甘登村
- **格当乡**:格当村、布龙村、占根卡村、桑珍卡村、德吉村、多龙岗村

279

【档案资料】

门巴族

　　门巴族是中国 56 个民族之一，多数自称"门巴"（来自门隅的人）。"门巴"意为居住在门隅地区（今西藏山南市南部）的人。门巴族主要分布在西藏东南部珞渝地区，部分分布在珞渝地区的墨脱、梅楚卡、巴加西仁和更仁一带，另有少数散居在林芝排龙山区；使用门巴语，语属汉藏语系藏缅语族门语支，且多方言，无本民族文字，通用藏文。

　　唐长庆三年（823）设立于拉萨大昭寺前的甥舅和盟碑记载："孟族"[1]等族向吐蕃王朝"俯首"。这个孟族即包括门巴族。门巴族人民和藏族人民长期友好往来，互通婚姻，在政治、经济、文化、宗教信仰、生活习俗等方面都有十分密切的关系。13 世纪，门隅作为西藏的一部分正式归入中国版图。17 世纪，藏传佛教格鲁派掌握西藏政治大权，五世达赖喇嘛阿旺罗桑嘉措派官员在门隅设立宗康（宗本衙门），开始了政教合一的统治。六世达赖喇嘛仓央嘉措即出生于门隅地区。1944 年，英帝国主义武装入侵中国达旺地区，当地门巴族人民与藏、汉、满各族人民一起，奋起抗击，为保卫祖国神圣领土作出了重大贡献。

　　门巴族主要以农业为主，兼营畜牧业、林业和狩猎，种植水稻、旱稻、鸡爪谷、小麦、芝麻等，也种植甘蔗、香蕉、柠檬、橘子，以及青稞和可代粮的根块植物。1951 年西藏和平解放前，门巴族的生产力依然很低，生产工具还较为简陋，铁制农具少。现在门巴族人民生活已有了较大改善，家家户户安装了电灯，通了公路和骡马大道，乡、村建立了医疗卫生机构和学校。门巴族的干部队伍正在成长。

　　门巴族男女都穿红色氆氇长袍，戴褐顶橘黄边、前部留有缺口的小帽或黑色毡帽。妇女腰束白围裙，喜戴手镯、串珠、耳环、戒指等装饰品。墨脱地区的门巴族，男女一般穿长短两种上衣。妇女喜欢穿长条花色裙子。

男子腰间挂一把砍刀。

食物以大米、玉米、荞麦、鸡爪谷为主，也食糌粑、面饼、奶渣，喝酥油茶，喜吃辣椒。住房多为"人"字形竹顶、草顶或木顶及横木墙壁（勒布地区用石块砌墙）的三层结构的干栏（墨脱地区多为竹木结构的二层干栏），上层住人，下层关圈牲畜，室内地板上铺粗毛毯或兽皮。

婚姻以一夫一妻制的父系小家庭为主。人死后多用水葬和土葬，也用火葬和天葬。当地人普遍信仰藏传佛教，有些地区则信仰原始宗教；通用藏历。

门巴族人勤劳淳朴，待人热情，心地善良。[2] 门巴族人民能歌善舞，创造了许多优美的曲调。舞蹈朴素粗犷，用四孔笛伴奏。门巴族有着丰富的口头文学，几乎人人都会即兴编唱。他们用竹、植物叶皮等编制各种用品，花纹图案美丽质朴。

---

1 王尧在《唐蕃会盟碑疏释》（参见《历史研究》，1980年第4期）中将该词译为"门巴"。
2 王尧，陈庆英：《西藏历史文化辞典》，西藏人民出版社1998年版，第164页。

【档案资料】

珞巴族

　　珞巴族是中国 56 个民族之一，分布于西藏自治区东南部的珞渝地区及相邻的察隅、墨脱、米林、隆子等县（市）的边沿山区。"珞巴"一词为藏语，意为"南方人"。居住在不同地区的珞巴族有不同的自称，如"博嘎尔""崩尼""崩如"等。1982 年人口普查人数为 2065 人。除住在墨脱县北部的珞巴族使用藏语外，其余通用珞巴语，语属汉藏语系藏缅语族，语支尚未确定，且各地区的方言差异较大。

　　据藏文史籍《红史》记载，松赞干布时期，该族所属地即辖于吐蕃王朝。17 世纪以后受命于清代中央王朝的西藏地方政府设有专门管理该地区的机构。在近代史上，珞巴族人民曾屡次开展驱逐帝国主义间谍和"远征军"的斗争，为维护祖国神圣领土不受侵犯作出过极大贡献。

　　珞巴族社会生产力水平较低，西藏和平解放前生产基本上处于刀耕火种的阶段，主要从事农业，兼营畜牧，善狩猎、手工业，种植玉米、鸡爪谷、旱稻及其他杂粮。多数地区保留采集植物坚果、块根植物以补充粮食不足的习俗，有的地区群众喜采集"达谢"等棕榈类植物的茎秆制作淀粉，作为主要食物来源。目前，该地区尚未出现与农业完全脱离的手工业者。珞巴族有定期交换的场所，通行以物易物的交换方式。1951 年西藏和平解放前，社会内部已出现贫富差别和家长奴隶制，各部族基本按父系氏族血缘关系聚居，私有制已发展起来，但土地大都保留着不同程度的氏族公有的形式。如今，各地珞巴族人民已进行了农田水利基本建设，粮食产量已大幅度增长。国家在珞巴族地区兴建了新村，办起了学校和医疗站，本民族干部也得到培养。

　　珞巴族各地区服饰差别很大。珞渝北部部分地区的珞巴族男子，一般穿着羊毛织的长到腹部的黑色套头坎肩，背上披一块野牛皮，用皮条系在肩上。帽子有熊皮圆盔和竹藤条编制的圆盔两种，后者帽檐外还套一个带毛的熊皮圈。赤脚，戴竹骨耳环、项链，腰挂弓箭、长刀等物。妇女穿自织的羊毛、麻、棉衣料做的短上衣和筒裙。各式各样胸饰、腰饰、背饰是珞巴族人民喜爱的装饰品，且各地佩戴方式颇不相同。

住房都是竹木结构的二层干栏，户外另建粮仓，习惯用头额背负物资。珞巴族无本民族文字，解放前还采用刻木、结绳记事的方法，少数人会用藏文。民间故事、传说等口头文学十分丰富。珞巴族群众会在喜庆集会上一边喝酒一边以特定曲调对唱古老的传说，常可通宵达旦。

过去，珞巴族群众的婚姻基本是一夫一妻制，但有些富户盛行多妻；严格实行氏族外婚和等级内婚，通行买卖婚，且有遗妻要在亡夫兄弟中转房的习俗。过去妇女地位低下，现已有所转变。宗教上，珞巴族群众信仰万物有灵。[1]

---

[1] 王尧，陈庆英：《西藏历史文化辞典》，西藏人民出版社1998年版，第164页。

参考文献

一、白皮书

1. 中华人民共和国国务院新闻办公室. 中国的宗教信仰自由状况 [EB/OL]. (2005-02-25)[2017-09-23]. http://www.seac.gov.cn/gjmw/zwgk/2005-02-25/1177034000843153.htm.

2. 中华人民共和国国务院新闻办公室. 中国的民族政策与各民族共同繁荣发展 [EB/OL]. (2009-09-27)[2017-09-23]. http://www.gov.cn/zwgk/2009-09/27/content_1427930.htm.

3. 中华人民共和国国务院新闻办公室. 西藏和平解放60年 [EB/OL]. (2011-07-11)[2017-09-23]. http://www.scio.gov.cn/ztk/dtzt/54/7/Document/954448/954448_1.htm.

4. 中华人民共和国国务院新闻办公室. 西藏民主改革50年 [EB/OL]. (2009-03-02)[2017-09-23]. http://www.china.com.cn/ch-book/node_7094609.htm.

二、辞典

1. 谢启晃, 李双剑, 丹珠昂奔. 藏族传统文化辞典 [M]. 兰州：甘肃人民出版社, 1993.

2. 王尧, 陈庆英. 西藏历史文化辞典 [M]. 杭州：浙江人民出版社, 1998.

3. 丹珠昂奔, 周润年, 莫福山, 等. 藏族大辞典 [M]. 兰州：甘肃人民出版社, 2003.

三、专著

1. [清] 刘赞廷. 西藏野人山归流记 [M] // 西藏地方志资料集成第二

集．北京：中国藏学出版社，1999．

2．［清］刘赞廷．察隅县志［M］∥西藏地方志资料集成第二集．北京：中国藏学出版社，1999．

3．阴法唐．阴法唐西藏工作文集（上下）[M]．北京：中国藏学出版社，2012．

4．唐柯三．赴康日记[M]．南京：新亚细亚学会出版科，1933．

5．于乃昌．门巴族民间文学资料[Z]．咸阳：西藏民族学院科研处，1979．

6．门巴族、珞巴族民间文学概况[Z]．成都：西南民族学院科研处，1979．

7．《珞巴族简史》编写组．珞巴族简史[M]．拉萨：西藏人民出版社，1987．

8．《门巴族简史》编写组．门巴族简史[M]．拉萨：西藏人民出版社，1987．

9．李坚尚，刘芳贤．珞巴族的社会和文化[M]．成都：四川民族出版社，1992．

10．李坚尚，刘芳贤．珞巴族门巴族民间故事选[M]．上海：上海文艺出版社，1993．

11．张江华．门巴族[M]．北京：民族出版社，1997．

12．王玉平．珞巴族[M]．北京：民族出版社，1997．

13．吕昭义，红梅．门巴族——西藏错那县贡日乡调查[M]．昆明：云南大学出版社，2004．

14．龚锐，晋美．珞巴族：西藏米林县琼林村调查[M]．昆明：云南大学出版社，2004．

15．周毓华，彭陟焱，王玉玲．简明藏族史教程[M]．北京：民族出版社，2005．

16．《门巴族简史》编写组．门巴族简史[M]．北京：民族出版社，2008．

17.《珞巴族简史》编写组. 珞巴族简史[M]. 北京：民族出版社，2009.

18. 西藏社会历史调查资料丛刊编辑组. 门巴族社会历史调查[M]. 北京：民族出版社，2009.

19. 陆孝平，富曾慈. 中国主要江河水系要览[M]. 北京：中国水利水电出版社，2010.

20. 耿全如，刁志忠，沈苏，等. 雅鲁藏布大峡谷国土旅游资源[M]. 北京：地质出版社，1999.

21. 冀文正. 珞巴族风情录[M]. 成都：成都时代出版社，2011.

22. 冀文正. 门巴族风情录[M]. 成都：成都时代出版社，2011.

23. 冀文正. 珞巴族民间故事[M]. 成都：四川民族出版社，2011.

24. 冀文正. 门巴族民间故事[M]. 成都：四川民族出版社，2011.

25. 冀文正. 珞巴族歌谣[M]. 成都：四川民族出版社，2011.

26. 冀文正. 门巴族歌谣[M]. 成都：四川民族出版社，2011.

27. 格桑，王蔷. 中国珞巴族[M]. 银川：宁夏人民出版社，2012.

28. 王丽平. 墨脱村调查[M]. 北京：中国经济出版社，2012.

四、论文

1. 于乐闻. 门巴族民间文学概况[J]. 西藏民族学院学报：哲学社会科学版，1980（1）.

2. 洛思. 从博嘎尔民间传说看珞巴族的起源和社会发展[J]. 西藏民族学院学报：哲学社会科学版，1980（1）.

3. 胡德平，杜耀西. 从门巴、珞巴族的耕作方式谈耦耕[J]. 文物，1980（12）.

4. 吴从众. 祖国大家庭里的门巴族[J]. 西南民族大学学报：人文社会科学版，1982（2）.

5. 杜耀西. 珞巴族农业生产概况[J]. 农业考古，1982（2）.

6. 陈乃文. 门巴族的婚姻与家庭[J]. 西藏研究，1985（1）.

7. 索文清. 西藏错那县门巴族概述[J]. 西北民族大学学报：哲学社会科学版, 1985(3).

8. 吴从众. 解放前门巴族的封建农奴制度（上）[J]. 西藏研究, 1986(1).

9. 吴从众. 西藏墨脱县门巴族的历史沿革[J]. 中央民族大学学报：哲学社会科学版, 1987(1).

10. 于乃昌. 痴迷的信仰与痴迷的艺术——珞巴族的原始宗教与文化[J]. 中国藏学, 1989(2).

11. 陈立明. 试论门巴族的家庭与婚姻[J]. 中国藏学, 1990(2).

12. 陈立明. 关于门巴族丧葬的考察与思考[J]. 西藏研究, 1991(1).

13. 姚兴奇. 门巴族狩猎文化中的禁忌[J]. 西藏研究, 1992(1).

14. 陈立明. 略论门巴族藏族宗教文化交流[J]. 中国藏学, 1994(3).

15. 陈立明. 门巴族的节日与礼俗[J]. 西藏民俗, 1994(4).

16. 刘志群. 西藏门巴族生殖崇拜及其祭祀活动[J]. 民族艺术, 1995(1).

17. 刘志群. 珞巴族原始文化（上）[J]. 民族艺术, 1997(1).

18. 刘志群. 珞巴族原始文化（下）[J]. 民族艺术, 1997(2).

19. 扎呷, 刘德锐. 西藏昌都四种传统社会组织调查[J]. 中国藏学, 2001(4).

20. 谷兆祺, 马吉明, 王琳, 等. 关于雅鲁藏布江水能资源开发的建议[J]. 水利发展研究, 2003, 3(10).

21. 陈立明. 珞巴族传统居住习俗及其变化[J]. 西藏民族学院学报：哲学社会科学版, 2003, 24(3).

22. 马宁. 门巴族非物质文化遗产及其保护[J]. 西藏研究, 2008(3).

23. 陈立明. 我国门巴族、珞巴族研究的历史回顾[J]. 西藏民族学院学报：哲学社会科学版, 2008, 29(6).

24. 李旺旺. 门巴族"舅权"制度初探——基于对墨脱门巴族田野调

查的研究[J].西藏民族学院学报：哲学社会科学版,2008,29(6).

25. 明伟.喜马拉雅山南麓的民族——门巴族[J].中国民族教育,2008(10).

26. 杨逸畴,高登义,李渤生.百年地理大发现：雅鲁藏布大峡谷[J].自然杂志,2009(6).

27. 陈立明.藏族与门巴族珞巴族历史关系简论[J].西藏民族学院学报：哲学社会科学版,2009, 30(6).

28. 陈立明.门巴族、珞巴族的历史发展与当代社会变迁[J].中国藏学,2010(2).

29. 赵思思.人类学视野下的错那门巴族丧葬文化[J].桂林师范高等专科学校学报,2014,28(1).

30. 刘佳,过伟敏.门巴族、珞巴族传统文化研究综述[J].贵州民族研究,2015(11).

31. 李旺旺.墨脱门巴族文化变迁研究[D].咸阳：西藏民族学院,2009.

32. 向华娟.勒布门巴族婚姻与家庭变迁研究[D].咸阳：西藏民族学院,2011.

后 记

《喜马拉雅的原居客——门巴、珞巴民族口述影像志：1956—1996》《喜马拉雅的艺术之花——门巴、珞巴民族口述影像志：1956—1996》两书，主要收录了口述者（冀文正）1956 至 1996 年，在珞渝地区工作与战斗时所拍摄的影像与口述档案史料。这批珍贵的老照片不仅是中国人第一批（次）较详尽记载门巴、珞巴族同胞风情的文图档案（另据记载，至今仍未正式刊印出版的初编于 20 世纪 40 年代的《刘赞廷藏稿》原应有：边务记录八十余卷与刘赞廷"亲自以万分之一快机映得相片三千余张"，但今余书稿中虽含有与墨脱相关的卷册，很有可能少量包含墨脱风土人情在内的三千余张照片早已不知去向），也是包括藏族、门巴族、珞巴族在内的中国 56 个民族团结进步、携手迈向新生活的实证。更为重要的是，这批珍贵的老照片，表现了包括藏族、门巴族、珞巴族在内的少数民族与汉族同胞同心同德，追求和平与幸福的坚强决心；表现了包括藏族、门巴族、珞巴族在内的少数民族与汉族同胞万众一心，维护国家主权与领土完整的坚定意志。

本书成稿时，首先要感谢冀文正老先生半个多世纪前的艰辛与付出，以及对宣传、研究门巴族、珞巴族持续一生的投入与努力。在这条苦寒而孤寂的立言之路上，老先生著作等身，屡获国际与国家级奖项。

整理者作为"藏二代"，其父亲焦东海与冀文正又属同乡。1949 年前，两人同窗共读，又一同参加中国人民解放军，分派在同一队伍，又一同进藏，一同战斗在祖国边陲。所以本书的编著，对于编写团队来说，感情与意义上都更显特别与亲切。

焦东海同志曾任十余年《西藏党史研究》的主编，他曾将"十八军进藏"与"西藏和平解放"的重大贡献，精概为三条：其一，推翻了反动的封建农奴制，解放了百万农奴；其二，改革了落后的政教合一制度；其三，彻底改变了西藏地方政府长期"有边无防"、任人吞食领土的险境。

对于这三点，本书通过一张张泛黄的老照片，用毋庸置疑的事实，从各个方面给予了诠释。特别是其中第三条，读者们要知道，正是这些曾经的小伙子，用"特别能吃苦、特别能战斗、特别能忍耐、特别能团结、特别能奉献"的老西藏精神，维护了如今国家主权的尊严与领土的完整；正是这些现今的垂暮老人，用曾经的血肉之躯铺起了民族进步与边陲和平的通途。

雪域的山峦，留下了他们的足迹；奔腾的江流，流淌过他们的汗水。共和国的历史不该忘记他们，共和国的公民不该忘记他们。

需要特别说明的是，书中部分图片的拍摄日期并非1956—1996年这个时间段，但因其独特、珍贵的文献价值，冀老先生和我仍决定将其收录于书中。此外，我们尽量与书中出现的相关人物取得了联系，获得他们的许可，但由于年深岁久、世事变迁，书中所载的大部分人均已离世；还有一部分人因为种种原因没能联系上。如果这些朋友看到本书，可与我或者出版社联系。

本书编辑时，首先感谢冀文正老先生的大力配合，从2016年至2017年，近两年时间内，口述者与整理者齐心协力，多次就图片和口述文字交流、沟通，数易其稿；也要感谢西藏作家协会会员罗洪忠先生前期的准备工作。虽然本丛书与他和冀老先生曾计划合作编写的图册，在体例与文字上已完全不同，但他计划编写的图册（完成部分草稿）还是为我们提供了很好的参考；感谢丛书作者之一范久辉先生，为本套书补充了部分图片，使这两册影像志图书资料更为丰满。

同时，我们还要向"国家出版基金规划管理办公室"的相关人员和推荐、评审专家们表示诚挚的谢意，他们的信任与支持，鼓励我们完成了这套意义与价值特殊的丛书；感谢西南交通大学出版社为本书的辛劳付出与大力支持。

焦虎三

2024 年